Dificuldades de relacionamento pessoal, social e emocional

F245d   Farrell, Michael.
                Dificuldades de relacionamento pessoal, social e emocional : guia do professor/ Michael Farrell ; tradução Maria Adriana Veríssimo Veronese. Porto Alegre : Artmed, 2008.
                104 p. ; 25 cm.

                ISBN 978-85-363-1446-4

                1. Distúrbios emocionais e do comportamento. I. Título.

                CDU 616.89

Catalogação na publicação: Mônica Ballejo Canto – CRB 10/1023.

Michael Farrell

Psicólogo e Consultor Educacional.
Institute of Psychiatry, King's College London.

Dificuldades de relacionamento pessoal, social e emocional

Guia do professor

Tradução:
Maria Adriana Veríssimo Veronese

Consultoria, supervisão e revisão técnica desta edição:
Cleonice Alves Bosa
Ph.D. em Psicologia pela Universidade de Londres.

2008

Obra originalmente publicada sob o título
The Effective Teacher's Guide to Behavioural, Emotional and Social Difficulties: Practical Strategies
ISBN 978-0-415-36038-8
© First published 2006 by Routledge, 2 Park Square, Milton Park, Abingdon, Oxon
OX14 4RN. Simultaneously published in the USA and Canada by Routledge, 270
Madison Ave, New York, NY 10016
All Rights Reserved.
Authorised translation from the English language edition published
by Routledge, a member of the Taylor & Francis Group

Capa: *Ângela Fayet Programação Visual*

Preparação do original: *Maria Lúcia Badejo*

Leitura final: *Rubia Minozzo*

Supervisão editorial: *Mônica Ballejo Canto e Carla Rosa Araujo*

Editoração eletrônica: *Formato Artes Gráficas*

Reservados todos os direitos de publicação, em língua portuguesa, à
ARTMED® EDITORA S.A.
Av. Jerônimo de Ornelas, 670 - Santana
90040-340 Porto Alegre RS
Fone (51) 3027-7000 Fax (51) 3027-7070

É proibida a duplicação ou reprodução deste volume, no todo ou em parte,
sob quaisquer formas ou por quaisquer meios (eletrônico, mecânico, gravação,
fotocópia, distribuição na Web e outros), sem permissão expressa da Editora.

SÃO PAULO
Av. Angélica, 1091 - Higienópolis
01227-100 São Paulo SP
Fone (11) 3665-1100 Fax (11) 3667-1333

SAC 0800 703-3444

IMPRESSO NO BRASIL
PRINTED IN BRAZIL
Impresso sob demanda na Meta Brasil a pedido de Grupo A Educação.

Sumário

1	O que são dificuldades de relacionamento pessoal, social e emocional?	7
2	Abordagem sistêmica	25
3	Abordagem cognitiva	37
4	Abordagem comportamental	51
5	Abordagem psicodinâmica e abordagens relacionadas	63
6	Transtorno de déficit de atenção/hiperatividade (TDAH)	73
7	Conclusão	83
	Endereços	91
	Referências	97
	Índice	101

Capítulo 1

O que são dificuldades de relacionamento pessoal, social e emocional?

Introdução

Este capítulo situa o livro no contexto da série "Estratégias educacionais em necessidades especiais", da qual faz parte. Ele apresenta os conteúdos do livro e descreve o público-alvo. Define as dificuldades de relacionamento pessoal, social e emocional e descreve os alunos considerados como apresentando essas dificuldades. É feito com referência ao Código das Necessidades Educacionais Específicas (DfES, 2001a), à orientação dos Dados Coletados pelo Tipo de Necessidade Educacional Especial (DfES, 2003), à definição legal de Necessidades Educacionais Especiais (NEE) e a uma consideração das implicações separadas do comportamento, do estado e desenvolvimento emocional e das habilidades sociais. Também são descritos os chamados comportamentos desafiadores e, subseqüentemente, mencionados o tipo de ajuda com que os alunos com dificuldades comportamentais, emocionais e sociais parecem beneficiar-se.

O capítulo considera as limitações da busca das causas das dificuldades comportamentais, emocionais e sociais, examina os fatores associados com essas dificuldades e estima a sua prevalência. A questão da inclusão é examinada com particular referência aos alunos com dificuldades de relacionamento pessoal, social e emocional, considerando a inclusão social dos alunos que já cursam escolas regulares e a proporção entre alunos de escolas regulares e especiais, com particular referência à orientação, *Inclusive schooling: children with special educational needs* (DfES, 2001b). É mencionada a importância da união profissional, da parceria com os pais e das opiniões dos alunos.

O lugar deste livro na série "Estratégias educacionais em necessidades especiais" e um resumo do conteúdo dos capítulos

Este livro, *Dificuldades de relacionamento pessoal, social e emocional*, faz parte da série, "Estratégias educacionais em necessidades especiais", que abrange as NEE relacionadas àquelas listadas no Código das Necessidades Educacionais Específicas (DfES, 2001a). A série focaliza aquilo que funciona na educação dos alunos com NEE. Abrange:
- dificuldades comportamentais, emocionais e sociais;
- dificuldades de aprendizagem gerais(moderadas, graves, profundas e múltiplas);
- dificuldades de aprendizagem específicas (dislexia, dispraxia, discalculia);
- dificuldades de comunicação e interação (dificuldades de fala, linguagem, comunicação e transtornos do espectro autista);
- dificuldades sensoriais e físicas (deficiência visual, auditiva, multissensorial e incapacidades físicas).

A seguir, um resumo de cada um dos capítulos deste livro:

O **Capítulo 2, "Abordagem sistêmica"**, explica a abordagem sistêmica e a identificação e avaliação em relação a esta abordagem. O capítulo considera intervenções como utilizar uma estrutura que envolva os serviços pedagógicos especializados e a hora do círculo.

O **Capítulo 3, "Abordagem cognitiva"**, descreve a abordagem cognitiva em linhas gerais. Ele examina a identificação e a avaliação segundo essa perspectiva. São consideradas as intervenções relacionadas, como o manejo da ansiedade e a fala interna (conversar consigo mesmo).

O **Capítulo 4, "Abordagem comportamental"**, examina a identificação e a avaliação da abordagem comportamental. São apresentadas várias intervenções relacionadas à perspectiva comportamental, incluindo modelar e ajustar e diversos meios desta abordagem, tais como o treinamento das habilidades sociais e os contratos focados no comportamento.

O **Capítulo 5, "Abordagem psicodinâmica"**, examina a abordagem psicodinâmica e a identificação e a avaliação nesta linha. As intervenções consideradas incluem terapias, como musicoterapia e ludoterapia, os elementos potencialmente catárticos e comunicativos do currículo e o uso de aconselhamento.

O **Capítulo 6, "Transtorno de déficit de atenção/hiperatividade (TDAH)"**, procura definir o TDAH e considera a sua prevalência e possíveis causas. Ele explica por que o TDAH é considerado no Código das Necessidades Educacionais Específicas (DfES, 2001a) dentro das dificuldades de relacionamento pessoal, social e emocional. E examinado como o TDAH é identificado e avaliado. São apresentadas as intervenções para esses alunos, tais como minimizar as distrações na sala de aula e possibilitar um discreto manejo do comportamento.

O **Capítulo 7, "Conclusão"**, resume as provisões, unindo alguns dos temas de capítulos anteriores.

Público-alvo

O livro destina-se particularmente aos seguintes leitores:
- todos os professores, coordenadores de necessidades educacionais especiais e diretores de escolas regulares e de unidades que trabalham com alunos com dificuldades de relacionamento pessoal, social e emocional;
- toda a equipe de escolas especiais que atendem alunos com essas dificuldades comportamentais, emocionais e sociais;
- a equipe de unidades de encaminhamento infantil que têm alunos com tais dificuldades;
- profissionais dos serviços pedagógicos especializados com interesse e/ou responsabilidade por alunos com dificuldades de relacionamento pessoal, social e emocional;
- professores em formação e recentemente qualificados que desejam conhecer a base educacional para alunos com dificuldades comportamentais, emocionais e sociais;
- professores e outros profissionais que continuam buscando o aprimoramento profissional;
- conselheiros e orientadores escolares.

O que são dificuldades de relacionamento pessoal, social e emocional?

O Código das Necessidades Educacionais Específicas

Como ponto de partida, o Código das Necessidades Educacionais Específicas (DfES, 2001a, Capítulo 7, seção 60, parafraseando) apresenta uma descrição básica das dificuldades comportamentais, emocionais e sociais. Os alunos com dificuldades de relacionamento pessoal, social e emocional podem:
- ser retraídos ou isolados;
- ser disruptivos e perturbadores;
- ser hiperativos e apresentar concentração insuficiente;
- ter habilidades sociais imaturas;
- apresentar comportamentos desafiadores decorrentes de outras necessidades especiais complexas.

Possíveis motivos para intervenção e estimulação precoce incluem "a preocupação do profissional ou dos pais em relação a uma criança que, apesar de vivenciar experiências educacionais apropriadas apresenta dificuldades emocionais e/ou comportamentais persistentes, e continua a fazer pouco ou nenhum progresso apesar da provisão de auxílio, habitualmente empregada no ambiente" (DfES, 2001a, Capítulo 4, seção 21).

No caso da intervenção, da estimulação precoce ou do acompanhamento escolar específico, o motivo para buscar ajuda fora da escola pode ser o fato de, "apesar de receber um programa individualizado e/ou apoio concentrado, a criança (...) continua apresentando dificuldades emocionais e comportamentais que interferem de modo substancial ou regular em sua aprendizagem ou na do grupo, precisando de um programa individualizado de manejo do comportamento" (DfES, 2001a, Capítulo 4, seção 31).

Na fase primária, os motivos para iniciar a intervenção de maneira precoce e/ou o acompanhamento escolar especializado seria "a preocupação do professor ou de outras pessoas, justificados por evidências relação à criança que, apesar de receber oportunidades de aprendizagem diferenciadas (...), apresenta dificuldades emocionais e comportamentais persistentes que não são melhoradas pelas técnicas de manejo comportamental habitualmente empregadas pela escola" (DfES, 2001a, Capítulo 5, seção 44). O motivo para a estimulação na fase primária na fase primária seria o fato de que "apesar de receber um programa individualizado e/ou apoio concentrado, a criança continua apresentando dificuldades emocionais e comportamentais que interferem de modo substancial ou regular em sua aprendizagem ou na do grupo, mesmo recebendo um programa de manejo comportamental individualizado (DfES, 2001a, Capítulo 5, seção 56).

Passando para a fase secundária, os motivos para a estimulação e/ou acompanhamento escolar específico são quase idênticos aos da fase primária.

Considerando a avaliação das NEE, previstas por estatutos, quando os serviços pedagógicos especializados estão decidindo sobre a necessidade de uma avaliação, eles devem

> buscar evidências de qualquer fator identificável capaz de influenciar os resultados da aprendizagem, incluindo (...) evidências de dificuldades emocionais ou comportamentais significativas, conforme indicado por exemplos claros, registrados, de comportamento retraído ou disruptivo; uma acentuada e persistente incapacidade de se concentrar; sinais de que a criança experiencia considerável frustração ou sofrimento em relação às suas dificuldades de aprendizagem; dificuldade em estabelecer e manter relacionamentos equilibrados com colegas ou com adultos; qualquer outra evidência de um atraso significativo no desenvolvimento de habilidades de vida e sociais (DfES, 2001a, Capítulo 7, seção 43).

À luz das evidências do que o Código classifica como "dificuldade de aprendizagem", mas que, de fato, referem-se às crianças com NEE, o serviço pedagógico especializado deve considerar as ações tomadas e perguntar, particularmente, se "a escola implementou sua política de atendimento e orientação pastorais e buscou aconselhamento externo para resolver as dificuldades sociais, emocionais ou comportamentais" (DfES, 2001a, Capítulo 7, seção 49). O Código também observa que "muitas crianças com problemas de saúde mental, embora certamente não todas, também podem ser reconhecidas como crianças com dificuldades emocionais e comportamentais" (DfES, 2001a, Capítulo 10, seção 27).

A orientação dos Dados Coletados pelo Tipo de Necessidade Educacional Especial

Uma descrição adicional das dificuldades de relacionamento pessoal, social e emocional é oferecida na orientação dos Dados Coletados pelo Tipo de Necessidade Educacional Especial, relacionada ao Censo Escolar Anual do Nível dos Alunos (DfES, 2003). O Departamento de Educação e Habilidades (Department for Education and Skills -DfES) enviou um esboço original com descrições para uma amostra de escolas, serviços especializados e organizações voluntárias e as modificou à luz dos comentários recebidos. Os alunos com dificuldades comportamentais, emocionais e sociais não costumam responder à provisão ou atendimento habitual de uma escola que funciona para a maioria dos alunos. A orientação salienta que os comportamentos persistem apesar da implementação de uma política escolar comportamental eficaz e de um currículo eficaz de educação pessoal e social. Os alunos abrangem "o espectro completo de capacidades", e o grau de gravidade das dificuldades é visto como um "contínuo" (DfES, 2003, p. 4).

Mais especificamente, a orientação descreve comportamentos no contínuo de dificuldades de relacionamento pessoal, social e emocional. Na "extremidade mais branda" do contínuo, o aluno pode:

- ter dificuldades de interação social, achando difícil trabalhar em grupo ou lidar com o tempo não-estruturado;
- ter má concentração;
- ter ataques de raiva;
- ser verbalmente agressivo com seus pares ou com os adultos (DfES, 2003, p. 4, parafraseado).

Outros alunos, imagina-se que da parte intermediária do suposto contínuo, embora a orientação não deixe isso explícito, podem "provocar seus pares e enfrentar ou desafiar abertamente colegas e adultos, às vezes com agressão física" (DfES, 2003, p. 4). Eles "freqüentemente abandonam as tarefas e apresentam um período de concentração muito curto". Igualmente, "sua auto-estima é baixa e eles têm dificuldade em aceitar elogios e assumir a responsabilidade pelo próprio comportamento" (DfES, 2003, p. 4). Outros alunos ainda, presumivelmente na extremidade mais grave do contínuo, "podem não ser capazes de funcionar de jeito nenhum em situações de grupo e exibem comportamentos violentos persistentes e freqüentes, que requerem intervenção física" (DfES, 2003, p. 4).

O contínuo esboçado acima focaliza alunos cujo comportamento em geral é óbvio e notável por ser disruptivo. Entretanto, conforme a orientação reconhece, outros alunos são retraídos, quietos e não-comunicativos, e também podem demonstrar, como os alunos disruptivos, sinais de baixa auto-estima, desempenho insuficiente e interação social inadequada.

Em relação aos alunos com transtorno de défict de atenção/hiperatividade (TDAH) observa-se, de modo bastante óbvio, que podem apresentar atenção reduzida e ser impulsivos ou hiperativos.

Dificuldades de relacionamento pessoal, social e emocional e a definição legal de NEE

Muitos tipos de NEE podem ser mais bem compreendidos se examinados no contexto da definição legal de NEE da Lei de Educação de 1996. A Lei oferece uma definição em camadas, em que uma "dificuldade de aprender" ou uma "incapacidade" podem levar a uma "dificuldade de aprendizagem" que vai exigir uma provisão educacional especial, constituindo, assim, uma NEE. Mas a Lei não esclarece tão bem as dificuldades comportamentais, emocionais e sociais como esclarece outros tipos de NEE.

De uma perspectiva comportamental, comportamentos problemáticos e habilidades sociais insuficientes podem ser explicados dizendo-se que o aluno não aprendeu comportamentos aceitáveis ou habilidades sociais adequadas à idade. Existe tanta "dificuldade para aprender" essas habilidades que se pode considerá-la uma "dificuldade de aprendizagem" e uma NEE. A resposta educacional adequada a essa perspectiva envolveria desaprender as habilidades inadequadas e aprender as apropriadas. As abordagens comportamentais modernas são um pouco mais sofisticadas do que isso e levam em conta fatores cognitivos e outros possíveis fatores. Outras perspectivas, como a sistêmica e a psicoterapêutica, também informam o entendimento das dificuldades de relacionamento pessoal, social e emocional.

De um outro ponto de vista, algumas formas de dificuldades comportamentais, emocionais e sociais, como o TDAH, teriam uma base psicofisiológica que sugere que poderíamos considerá-las uma "incapacidade". A incapacidade seria tão grande que poderia ser vista como uma "dificuldade de aprendizagem", que, por sua vez, exigiria uma provisão educacional especial, constituindo uma NEE. Entretanto, as bases fisiológicas dessas dificuldades são contestadas, e a noção de incapacidade no contexto da Lei de Educação de 1996 também parece aplicar-se mais seguramente a incapacidades e comprometimentos mais fisicamente óbvios em suas manifestações, como a deficiência visual, a deficiência auditiva e a incapacidade física.

Apesar dessas limitações, a definição legal, pelo menos, lembra os educadores de que as dificuldades de relacionamento pessoal, social e emocional são consideradas uma necessidade *educacional* especial.

Considerações separadas de comportamentos, emoções e habilidades sociais

Então, se as noções de "dificuldade para aprender", "incapacidade" e "dificuldade de aprendizagem" não esclarecem muito como as dificuldades comportamentais, emocionais e sociais se ligam à parte educacional das NEE, o que constituiria um entendimento adequado, mais nitidamente vinculado à educação das crianças com tais dificuldades?

Amplamente, seria o seguinte: os comportamentos, as emoções e o desenvolvimento social influenciam a aprendizagem e o acesso à aprendizagem. Dificuldades de relacionamento pessoal, social e emocional podem, qualquer uma e todas elas, inibir a aprendizagem e o acesso à aprendizagem. No jargão atual, elas criam barreiras à aprendizagem. Elas geralmente estão inter-relacionadas, mas examiná-las separadamente por um momento possibilita ilustrar seu impacto sobre a aprendizagem.

O comportamento de um aluno pode ser muito retraído (isso também pode ser interpretado como evidência de habilidades sociais deficientes). Conseqüentemente, o contato com outras crianças, professores e adultos é limitado, com efeitos negativos óbvios sobre a aprendizagem, incluindo a aquisição de habilidades sociais. O aluno pode evitar ir à escola por longos períodos. Alternativamente, o comportamento de um aluno pode ser disruptivo e confrontacional. Enquanto estiver envolvido nesses comportamentos, é provável que ele não preste atenção à aula e aos trabalhos, e sua aprendizagem sofrerá. E, evidentemente, ele também pode perturbar a aprendizagem dos outros alunos.

O desenvolvimento e o estado emocional de um aluno podem inibir sua aprendizagem. A baixa auto-estima, a experiência de trauma emocional ou instabilidade emocional podem afetar a concentração, a sociabilidade e a freqüência escolar. O desenvolvimento social do aluno fica limitado. Isso significa que as habilidades sociais necessárias para desempenhar um papel construtivo na comunidade escolar, com todos os potenciais benefícios para a aprendizagem que isso traz, ficam comprometidas. Então, podemos ver que as dificuldades comportamentais, emocionais e sociais, elas próprias, são possíveis indicadores de aprendizagem e desenvolvimento insuficientes. Igualmente, elas podem agir como barreiras à aprendizagem, apesar dos esforços dos professores e de outras pessoas.

Comportamentos desafiadores

Conforme afirmado, o Código das Necessidades Educacionais Específicas (DfES, 2001a) fornece uma descrição básica das dificuldades de relacionamento pessoal, social e emocional. Segundo a descrição, os alunos com essas dificuldades podem "apresentar comportamentos desafiadores decorrentes de outras necessidades especiais complexas" (DfES, 2001, Capítulo 7, seção 60).

O termo "comportamento desafiador", às vezes, é empregado como um eufemismo para as dificuldades comportamentais, emocionais e sociais e outras vezes se refere a uma variedade de comportamentos que esticam ao máximo os recursos e as habilidades de professores e outras pessoas. É esta segunda interpretação que é explorada nesta seção. Uma definição de comportamento desafiador é o comportamento

> que é socialmente inaceitável e bloqueia significativamente a aprendizagem. Sua intensidade, duração ou freqüência são tais que a segurança da pessoa que apresenta o comportamento ou a segurança dos outros fica em risco. Esse comportamento tende a limitar o acesso às oportunidades da comunidade ou o impedem completamente (Farrell, 2003, p. 29).

Nem sempre há concordância em relação ao que constitui um comportamento desafiador, não mais do que um consenso uniforme em relação às dificuldades de relacionamento de modo mais geral. Em parte, isso se relaciona à variação dos padrões do que é considerado aceitável, que são influenciados por fatores como classe social, cultura, idades cronológicas diferentes, "idades" desenvolvimentais das crianças e ambientes diferentes.

Exemplos de comportamentos desafiadores costumam incluir:
- auto-agressão;
- agressão aos outros;

- provocação de danos no ambiente circundante;
- desobediência profunda;
- movimentos ou fala estereotipados;
- lambuzar-se com fezes;
- pica (ingestão habitual de substâncias não-nutrientes, tal como papel ou terra);
- comportamento sexual inaceitável, tal como masturbação em público ou exposição dos genitais aos outros;
- gritos persistentes.

Em alguns casos, o comportamento desafiador está associado a uma síndrome específica, como a síndrome de Lesch-Nyhan, ligada a comportamentos de auto-agressão e às vezes violência em relação aos outros, cuspir e vomitar. Com freqüência, crianças com síndrome de Tourette, um transtorno crônico e grave de tique, apresentam comportamentos desafiadores. A síndrome se manifesta no início da infância, com tiques motores, e mais tarde passa a incluir tiques motores e vocais, que em alguns casos envolvem obscenidades repetitivas verbais ou gestuais ou a repetição de palavras ouvidas e a imitação persistente dos movimentos alheios (Carol e Robertson, 2000).

Provisão para alunos com dificuldades de relacionamento pessoal, social e emocional

Os capítulos posteriores do livro exploram a provisão para alunos com dificuldades comportamentais, emocionais e sociais à luz de diferentes perspectivas, incluindo a comportamental, a cognitiva e a psicodinâmica. O propósito desta seção é esclarecer melhor a natureza das dificuldades de relacionamento pessoal, social e emocional, ao mencionar as intervenções que são utilizadas no atendimento aos alunos com essas dificuldades.

Como ponto de partida, o Código das Necessidades Educacionais Específicas (DfES, 2001a, Capítulo 7, seção 60, modificado) fornece uma descrição básica da provisão que parece beneficiar os alunos com dificuldades comportamentais, emocionais e sociais. Eles podem requerer alguns ou todos os seguintes aspectos:

- aconselhamento;
- ajuda para desenvolver competência social e maturidade emocional;
- ajuda para se ajustar às expectativas e rotinas escolares;
- ajuda para adquirir habilidades para interagir positivamente com seus pares e com adultos;
- abordagens comportamentais e cognitivas especializadas;
- reencaminhamento ou refocalização para diminuir comportamentos repetitivos ou de auto-agressão;
- provisão de salas de aula e sistemas escolares que controlem ou censurem comportamentos negativos ou difíceis e incentivem comportamentos positivos;
- provisão de um ambiente seguro e apoiador.

A orientação relacionada ao Censo Escolar Anual do Nível dos Alunos (DfES, 2003, p. 4) indica que os alunos só devem ser registrados como tendo dificuldades de relacionamento pessoal, social e emocional "se estiver sendo feita uma provisão educacional adicional para ajudá-los a ter acesso ao currículo".

Mais especificamente, os alunos com dificuldades comportamentais, emocionais e sociais podem beneficiar-se de certas provisões da escola como comunidade e dos professores em particular. Isso varia de acordo com as circunstâncias e é influenciado pelos principais tipos de comportamento existentes (por exemplo, agressivo, retraído, hiperativo). A provisão pode incluir:

- os professores serem comprometidos e resilientes no estabelecimento e na manutenção de fronteiras muito claras para os comportamentos agressivos e abusivos;
- oportunidades curriculares para os alunos expressarem e liberarem emoções em matérias como arte, música, educação física e teatro;
- o ensino direto e indireto de comportamentos e habilidades sociais adequados por meio de regras gerais da escola, exemplo da equipe, educação pessoal e social (como um dado para todos os alunos) e intervenções específicas, como treinamento de habilidades sociais;
- dedicar tempo e comprometer-se, para garantir que o aluno tenha pelo menos um adulto com quem possa manter um relacionamento de confiança e conversar sobre seus problemas.

Alguns alunos com dificuldades de relacionamento pessoal, social e emocional precisam de um atendimento que está fora do alcance das capacidades habituais dos professores. Eles podem exigir um apoio especializado, que pode incluir:

- aconselhamento e, para alguns, psicoterapia;
- apoio e aconselhamento familiar e, para alguns, terapia familiar;
- musicoterapia, psicodrama, arteterapia e ludoterapia;
- desenvolvimento de um letramento emocional;
- provisão residencial;
- medicação para uma pequena minoria.

Com tal provisão, é mais provável que o aluno se beneficie da educação oferecida pela escola para todos os alunos e faça maiores progressos, atingindo padrões mais elevados de realização, incluindo desenvolvimento pessoal e social e de auto-estima. Poderia, então, ser iniciada uma espiral virtuosa, em que o aluno começaria a ter um melhor desempenho educacional, com efeitos positivos sobre o seu comportamento e desenvolvimento pessoal e social. Isso, por sua vez, contribuiria para que ele pudesse aproveitar melhor a provisão educacional comum.

Fatores causais e aspectos associados

Poderíamos esperar obter uma compreensão mais profunda dos alunos com dificuldades de relacionamento pessoal, social e emocional a partir do exame das aparentes causas dessas dificuldades. No entanto, é muito difícil relacionar diretamente as causas de das dificuldades a determinados tipos de comportamento, dificuldades emocionais ou comprometimentos nas habilidades sociais. Para maior clareza de exposição, às vezes as causas aparentes e a provisão relacionada são vinculadas. Por exemplo, a idéia de que algumas dificuldades comportamentais podem ser provocadas pela aprendizagem de maus comportamentos e não-aprendizagem de comportamentos apropriados pode ser ligada a uma abordagem comportamental, focada na desaprendizagem de comportamentos inadequados e na aprendizagem de comportamentos apropriados. Entretanto, atualmente poucos acreditam que uma explicação comportamental (ou qualquer outra explicação isolada) seja suficiente, e as explicações comportamentais, por exemplo, freqüentemente incorporam um entendimento cognitivo. Na prática, outras abordagens também são utilizadas com freqüência.

Falar em causas pode elevar a uma relevância injustificável fatores que simplesmente estão com freqüência associados às dificuldades comportamentais, emocionais e sociais, mas que raramente podem ser consideradas, inequivocamente, como causadores dessas dificuldades.

Fatores associados às dificuldades de relacionamento pessoal, social e emocional incluem:
- experiências traumáticas na infância;
- um *background* familiar irascível ou muito inseguro;
- maus modelos de comportamento, como violência familiar;
- uma história familiar de dificuldades comportamentais, emocionais e sociais.

Entretanto, pode-se reconhecer imediatamente que existem crianças em que esses fatores estão muito evidentes, mas elas não apresentam dificuldades de relacionamento. Da mesma forma, há alunos com dificuldades de relacionamento pessoal, social e emocional nos quais estes fatores não estão evidentes – e, na verdade, para eles não será encontrada nenhuma explicação convincente.

Em termos práticos, é extremamente útil ter em mente possíveis fatores causais quando examinamos a história passada do aluno, talvez como uma pista para explicar algumas das dificuldades de relacionamento. Entretanto, na realidade, a probabilidade de haver causas múltiplas, interativas e algumas causas que jamais se tornarão conhecidas para os educadores e outros sugere que uma busca de causas e explicações definitivas provavelmente não será muito proveitosa. Assim, é sugerida uma abordagem pragmática à provisão e, ao mesmo tempo, prestar atenção às explicações fornecidas por várias abordagens (sistêmica, cognitiva, comportamental, psicodinâmica) e àquilo que funciona nas escolas que conseguem educar alunos com dificuldades comportamentais, emocionais e sociais.

Prevalência das dificuldades de relacionamento pessoal, social e emocional

Se se for tão claro quanto possível sobre o que são as dificuldades e qual a melhor provisão para os alunos que as apresentam, pode parecer que será mais fácil determinar sua prevalência. Mas determinar a prevalência das dificuldades de relacionamento pessoal, social e emocional é tão controverso e difícil quanto procurar sua aparente causa.

Muitos coordenadores de necessidades educacionais especiais terão tido de resolver situações em que um professor com pouca habilidade no manejo dos alunos estava convencido de que a maioria dos alunos da turma tinha dificuldades comportamentais, emocionais e sociais, quando o comportamento deles seria explicado, mais precisamente, como uma reação ao mau ensino e ao manejo inadequado. Mas a escola precisa elaborar essas situações para compreender quais alunos, se algum, não respondem ao que ela normalmente oferece para apoiar e incentivar o bom comportamento, as boas habilidades sociais e a segurança emocional entre os alunos.

Os alunos com dificuldades de relacionamento são, por definição, aqueles que não respondem ao que a escola normalmente oferece. Outra maneira de verificar a identificação exagerada de alunos que supostamente apresentam dificuldades de relacionamento pessoal, social e emocional é envolver especialistas de fora, que terão uma perspectiva mais ampla do que a da escola e, muitas vezes, chegam a atender 20 ou 30 escolas. Esses especialistas, como membros do grupo de apoio comportamental dos serviços pedagógicos especializados, podem ajudar a escola a reconhecer o grau de gravidade das dificuldades de relacionamento nesse contexto mais amplo, além de oferecer conselhos e auxílio prático, conforme seja necessário.

Outro sistema de filtragem são os procedimentos de intervenção, estimulação precoce e acompanhamento escolar específico, os critérios legais de avaliação e o exame de relatos de NEE e sua descontinuação. Portanto, em certo sentido, é inútil pensar em termos de números definidos de alunos por escola ou em percentagens. Há muitos outros fatores que devem ser levados em conta. Como regra, o número de alunos considerados como apresentando dificuldades de relacionamento deve ser tão pequeno quanto a escola puder atender, dada a necessidade de assegurar a educação eficaz de todas as crianças.

Com relação aos alunos identificados como tendo "dificuldades comportamentais, emocionais e sociais" na Inglaterra, em janeiro de 2004 (DfES, 2004, Tabela 9), havia 94.320 (26,8%) em acompanhamento escolar específico e outros 32.570 (13,8%) com registro de NEE.

Os números específicos para as escolas de ensino fundamental e médio regulares e especiais são os seguintes: nas escolas de ensino fundamental, 44.120 alunos com dificuldades de relacionamento estavam em acompanhamento escolar específico (20,2% de todos os alunos nas escolas de ensino fundamental) e 8.440 tinham registro de NEE (12,3% de todos os alunos com registro nas escolas de ensino fundamental). Nas escolas de ensino médio, o número era maior tanto de alunos com acompanhamento escolar específico quanto em registros de NEE, havendo 49.960 alunos auxiliados pelo acompanhamento escolar específico (38%) e 11.980 com registro de NEE (15,3%). Nas escolas especiais, onde é muito mais raro que os alunos não tenham registro de NEE, havia apenas 240 alunos em acompanhamento escolar (14,6%) e 12.150 com registro de NEE (13,7%). Os números referentes às escolas especiais incluíam alunos de escolas especiais mantidas e não-mantidas, mas excluíam alunos de escolas especiais independentes ou de hospitais-escola mantidas.

Inclusão e dificuldades de relacionamento pessoal, social e emocional

Um entendimento sobre a inclusão é que ela tem como objetivo incentivar as escolas a reconsiderar sua estrutura, as metodologias de ensino, a formação de grupos de alunos e o uso do apoio a fim de responder às necessidades percebidas de todos os seus alunos. Os professores, em estreita colaboração, buscam oportunidades de examinar novas maneiras de envolver todos os alunos a partir da experimentação e da reflexão. Deve haver um acesso planejado a um currículo amplo e equilibrado, desenvolvido desde seus fundamentos como um currículo para todos os alunos.

Outra visão da inclusão é que ela se refere a educar mais alunos em escolas regulares e menos, ou nenhum, em escolas especiais e outros contextos vistos como segregadores. Entretanto, podemos argumentar que as escolas especiais também podem ser inclusivas (Farrell, 2000). Na verdade, o órgão responsável pelas decisões sobre qualificação e currículo caracterizou a inclusão como "assegurar oportunidades apropriadas de aprendizagem, avaliação e qualificação, para permitir a plena e efetiva participação de todos os alunos no processo de aprendizagem" (Wade, 1999).

Três aspectos da inclusão em relação às dificuldades de relacionamento pessoal, social e emocional

Inclusão social

A inclusão social foi o tema de duas circulares governamentais inglesas, 10/99 (DfEE, 1999a) e 11/99 (DfEE, 1999b). A Circular 10/99 salienta a necessidade de atender os alunos na escola, em vez de excluí-los fisicamente, seja no curto prazo ou em exclusões permanentes. Uma maneira de reduzir essa exclusão da escola é procurar diminuir a insatisfação, em particular entre os alunos de conhecidas categorias de alto risco. Nessas categorias estão alunos com NEE que podem desenvolver comportamentos desafiadores e alunos cujas realizações tendem a ser muito baixas. Os vínculos entre esses alunos e os alunos com dificuldades de relacionamento estarão aparentes, embora os dois não sejam de forma nenhuma idênticos. A Circular 10/99 sugere que as abordagens para os alunos em risco incluam intervenção precoce, planejamento cuidadoso e estratégias envolvendo toda a escola. Com a ajuda de serviços externos, foram desenvolvidos programas de apoio pastoral para alunos com sério risco de exclusão permanente ou de ser atraídos para comportamentos criminosos. Para os alunos que já têm um plano educacional individualizado, este incluiria os aspectos de um plano de apoio pastoral.

Normalmente, um plano de apoio pastoral terá sido colocado em operação e terá falhado antes de a escola recorrer à exclusão. Depois que um aluno for excluído, a diretora e os serviços pedagógicos especializados devem planejar sua reintegração à educação na escola. Veremos que a orientação da Circular 10/99 inclui identificar grupos de alunos que parecem, a partir de experiências anteriores, correr o risco de exclusão. Ao identificar tais alunos, a escola teria de cuidar para que eles não estivessem contribuindo para uma profecia auto-realizadora, ao esperar demais um descontentamento que talvez não exista. A circular, então, sugere estratégias para evitar a exclusão e explica a documentação que indicaria que a escola consultou especialistas de fora e não se precipitou ao excluir o aluno. Finalmente, ela estabelece a expectativa de um planejamento para a reintegração dos alunos.

A Circular 11/99 refere-se ao papel dos serviços pedagógicos especializados como apoio para os alunos em risco de exclusão ou já excluídos. Ela enfatiza que os alunos excluídos por mais de três semanas deveriam receber uma educação alternativa adequada em tempo integral. Os serviços pedagógicos especializados e outros órgãos deveriam considerar tornar obrigatória a freqüência escolar por meio de recursos legais e apoiar as escolas que têm alunos em programas de apoio pastoral.

Incluindo alunos com NEE em escolas regulares

Um segundo aspecto da inclusão é o de incluir alunos com NEE que já freqüentam escolas regulares. Esta abordagem parece ser o propósito de documentos que visam a incentivar este tipo de inclusão, como o *Index for Inclusion* (Booth et al., 2000). O documento se refere à inclusão de todos aqueles ligados à escola, sejam adultos ou crianças, não apenas alunos com NEE.

Desenvolver um *ethos* e uma abordagem inclusivos pode aumentar a capacidade da escola de incluir alunos com dificuldades de relacionamento, que atualmente não estão em escolas regulares ou que estariam sendo vistos como mais bem colocados em outros ambientes, como uma escola ou unidade especial. Isso leva ao exame do terceiro aspecto da inclusão, a proporção de alunos em escolas convencionais e outros ambientes, como uma escola ou unidade especial.

A proporção de alunos em escolas regulares e especiais

A expressão "inclusão total", aplicada a alunos com NEE, sugere a idéia de que todos os alunos com NEE deveriam ser educados em escolas regulares. Uma variedade provisional abrangendo escolas regulares e escolas especiais, unidades de encaminhamento de alunos ou tutoramento em casa não seria aceitável. Seria melhor haver maior apoio e maior apoio e mais recursos nas escolas regulares, de acordo com a gravidade e complexidade das NEE (por exemplo, Gartner e Lipsky, 1989). A inclusão total não era a posição do governo da Inglaterra nem a dos principais partidos políticos da oposição na época em que este livro foi escrito.

O documento *Inclusive Schooling: Children with Special Educational Needs* (DfES, 2001b) apresenta a orientação legal com relação à estrutura de inclusão. O Special Educational Needs and Disability Act 2001 (uma lei relativa a necessidades educacionais especiais e incapacidades) "reforça o direito das crianças com necessidades educacionais especiais de receber uma educação convencional" (DfES, 2001b), em uma emenda da Lei de Educação de 1996.

Com relação à natureza do aparente "direito" à inclusão, há um claro constrangimento. Isso é indicado pelo documento *Inclusive Schooling*, referindo-se ao "direito reforçado" à educação convencional (p.1, parágrafo 4). O direito (se é essa a palavra correta) é parcial. A extensão do direito pode ser examinada considerando-se os deveres proporcionais que são impostos às pessoas em relação ao "direito".

Como resultado do Special Educational Needs and Disability Act 2001, a seção 316(3) da Lei de Educação de 1996 foi corrigida conforme segue:

Se a criança tiver registro na seção 324, ela deve ser educada em uma escola regular, a menos que isso seja incompatível com:
- os desejos dos pais ou
- a provisão de educação eficiente para outras crianças.

O uso da palavra "deve" na seção acima da Lei indica o dever dos serviços pedagógicos especializados e outros, correspondente ao "direito" de ser educada convencionalmente. Se a educação de uma criança com NEE for incompatível com a educação eficiente de outros alunos, a educação convencional só pode ser recusada se não for possível a adoção de medidas razoáveis para evitar a incompatibilidade. No entanto, talvez não seja possível adotar medidas para que a inclusão da criança seja compatível com a educação eficiente dos outros alunos. Isso pode acontecer, por exemplo, quando o comportamento de uma criança ameaça a segurança ou impede a aprendizagem das outras sistematicamente, persistentemente e significativamente. Também pode acontecer se a professora, mesmo com auxílio, precisar dedicar à criança um tempo desproporcionalmente grande em relação ao restante da turma.

Os "direitos" também são atingidos quando consideramos uma escola específica em vez do conceito genérico de "convencional/regular". Os pais podem preferir que uma determinada escola convencional conste do registro de NEE de seu filho ou filha. Nesse caso, a nota 27 da Lei de Educação de 1996 requer que os serviços pedagógicos especializados nomeiem a escola de preferência dos pais, a menos que alguma das três condições seguintes se aplique:

1. a escola não é capaz de atender às necessidades da criança;
2. a inclusão da criança na escola seria incompatível com a educação eficiente dos outros alunos;
3. a inclusão da criança na escola seria incompatível com o uso eficiente de recursos.

Vemos que não existe nenhum direito completo de ingresso na escola regular, e sim que os direitos dos pais de uma criança com NEE são contrabalançados com os "direitos" dos pais das crianças que não têm NEE e com outros fatores. É nesse contexto que a provisão – o que funciona melhor para os alunos com dificuldades de relacionamento – deve ser compreendida.

Profissionais trabalhando em estreita colaboração

Os profissionais que trabalham com crianças que apresentam dificuldades de relacionamento pessoal, social e emocional podem incluir: professor; médico clínico; enfermeiro escolar; funcionário médico escolar; equipe consultiva do serviço pedagógico especializado; serviço de saúde mental da criança e do adolescente; psicólogo educacional; assistente social e outros. Cada um pode ter sua própria perspectiva profissional e um nível diferente de experiência com as dificuldades comportamentais, emocionais e sociais. A confiança profissional é essencial, mas é difícil trabalhar construtivamente quando a rotatividade na equipe é muito alta. Para o trabalho multiprofissional ser praticável são necessárias linhas claras de comunicação, assim como uma estrutura que demarca responsabilidades sem ser excessivamente constrangedora.

O Early Years Development e o Childcare Partnerships fazem um planejamento interagências para unir os primeiros anos de educação com o atendimento social. As pessoas que trabalham em zonas de ação de saúde e zonas de ação de educação vêm tentando coordenar a ação em prol dos socialmente desfavorecidos e o apoio social para alunos com NEE. Parcerias regionais de NEE incentivam discussões e planejamento conjunto de alguns tópicos entre serviços de educação, saúde e assistência social. Aspectos do programa Excellence in Cities (Excelência nas Cidades) incluíram incentivar unidades de apoio à aprendizagem nas escolas, para atender alunos em risco de exclusão, envolvendo mentores de aprendizagem e serviços de apoio fora da escola. A iniciativa do programa Início Seguro ofereceu a oportunidade de inter-relacionar política familiar e a identificação e o apoio precoces de alunos com NEE.

Em 2003, foi montado um programa-piloto de suporte, destinado para promover uma boa provisão de serviços e apoiar o desenvolvimento em várias áreas, incluindo a coordenação de apoio de múltiplas agências para famílias e parcerias entre agências e fronteiras geográficas. Isso envolveu o trabalho conjunto entre o Departamento de Educação e Habilidades (Department of Educational and Skills – DfES) e outras agências, como o Royal National Institute for the Blind, o Royal National Institute for the Deaf e o National Children's Bureau. Veja também os sites do DfES, do Department of Health e do National Children's Bureau.

Em relação ao trabalho profissional conjunto, foi anunciada em 2001 uma estrutura nacional de curadorias da criança, destinada a desenvolver novos padrões no Serviço Nacional de Saúde e nos serviços sociais para crianças e a incentivar parcerias entre agências. Posteriormente, as curadorias da criança passaram a ser vistas como uma tentativa de integrar os serviços educacionais, assistência social e alguns serviços de saúde (pela Lei da saúde de 1999, seção 31) para crianças e jovens, e incorporar uma estratégia integrada de encargos. Os serviços pedagógicos especializados incluirão potencialmente todas as funções de educação, abrangendo NEE, o serviço de assistência à educação e psicologia educacional. Os serviços sociais para a criança incluirão avaliação e atendimento de crianças com "necessidades especiais". Serviços comunitários e de saúde crítica incluirão serviços de saúde mental para crianças e adolescentes oferecidos localmente e comissionados e também poderão incluir serviços de fonoaoudiologia, visitação de saúde e serviços de terapia ocupacional voltados à criança e à família.

As curadorias também podem incluir outros serviços, como o Conexões, as equipes que trabalham com jovens infratores e o Início Seguro. Podem ser envolvidos outros parceiros locais, como organizações voluntárias, serviços residenciais e serviços de lazer. É esperado que as curadorias estejam em contato com as autoridades locais, reportando-se ao diretor dos serviços infantis que, por sua vez, se reportará aos conselheiros locais por meio do executivo-chefe. As curadorias contratarão serviços e podem oferecê-los diretamente ou por contratos com organizações públicas, privadas ou do setor voluntário.

A resultante integração de provisão de serviços deve-se refletir em características que incluem: serviços co-localizados, como os centros infantis e escolas ampliadas; equipes multidisciplinares e um sistema de profissionais-chave; uma estrutura comum de avaliação entre os serviços; sistemas de comunicação de informações entre os serviços; treinamento conjunto e meios eficazes para proteger as crianças. A intenção é integrar serviços-chave de atendimento à criança com um mesmo foco organizacional, preferivelmente por meio das curadorias. Em 2003 foram aprovadas 35 licitações para curadorias "desbravadoras", financiadas até 2006.

Trabalhando com os pais

Trabalhar em estreita colaboração com os pais é uma aspiração de todas as escolas e um tema constante na orientação governamental. O Código das Necessidades Educacionais Específicas (DfES, 2001) dedica um capítulo ao trabalho em parceria com os pais e apresenta orientações específicas para que se busque compreender as necessidades dos pais (por exemplo, Greenwood, 2002). Capítulos subseqüentes do presente livro deixam claro que os pais devem envolver-se o máximo possível. O apoio da escola aos pais pode:
- fornecer informações sobre as dificuldades de relacionamento e as estratégias práticas de uso;
- colocar os pais em contato com grupos de apoio, tanto municipais quanto nacionais;
- disponibilizar as instalações da escola para várias atividades, tais como grupo de apoio aos pais;
- fornecer literatura informativa, como folhetos;
- ser um ponto de contato unificado para outros serviços;
- entrar em contato com os pais quando houver boas notícias para transmitir, não só quando houver más notícias;
- realizar reuniões à noite com os pais, nas quais estes podem ficar sabendo o que seus filhos têm feito na escola, talvez com um foco como a internet ou atividades ao ar livre.

Hornby (2003, p. 131) sugere um modelo de colaboração com os pais para ajudar os alunos que apresentam dificuldades na escola, que pode ter aplicações mais amplas no trabalho com pais de alunos com NEE. O autor faz uma distinção entre o que deve ser considerado "necessidade" dos pais e a contribuição que, razoavelmente, podemos esperar que façam.

As *necessidades* dos pais seriam: comunicação com a escola (todos os pais precisam); ligações, como as que ocorrem em reuniões de pais e professores (maioria dos pais necessita); instrução, como em oficinas para pais (muitos necessitam) e apoio, como aconselhamento (alguns necessitam).

As *contribuições* dos pais seriam: informar, por exemplo, sobre as forças e capacidades da criança (todos os pais podem fazer); colaborar, por exemplo, em programas de comportamento ou apoiando um plano educacional individualizado para a criança (maioria dos pais é capaz de fazer); fornecer recursos, tais como se oferecer para ser um auxiliar em sala de aula (maioria é capaz de fazer) e ajudar a desenvolver políticas, por exemplo, auxiliar na administração da escola (alguns podem fazer).

O modelo deixa em aberto a interpretação exata do que os termos "a maioria", "muitos" e "alguns" poderiam significar, e as escolas exercerão seu próprio julgamento, por exemplo, para determinar se seria razoável esperar que "muitos" pais contribuam no nível sugerido de ser um auxiliar em sala de aula. No entanto, a estrutura básica do modelo, com uma visão graduada das necessidades dos pais e de sua potencial contribuição, é uma estrutura bastante útil.

Envolvendo os alunos

Lewis (2004, p.4-6, parafraseando) lista alguns aspectos de métodos relevantes para crianças cronologicamente jovens ou "desenvolvimentalmente jovens". Eles incluem:
- permitir ou encorajar respostas "não sei" e pedidos de esclarecimento;
- enfatizar que se desconhecem os acontecimentos ou idéias da criança, pa-ra se opor à suposição infantil de que o adulto sabe a resposta (a criança tende a ser mais sugestionável se o adulto tiver credibilidade e *rapport* com ela);
- utilizar afirmações, em vez de perguntas, para provocar respostas mais completas por parte da criança;
- procurar obter uma narrativa ininterrupta.

Especificamente em relação aos alunos com dificuldades de relacionamento pessoal, social e emocional, algumas abordagens parecem encorajar a participação mais do que outras, embora isso possa ser enganador. Por exemplo, poderia parecer que uma abordagem comportamental desencorajaria a participação dos alunos, pois ela recompensa ou pune o comportamento da criança segundo normas sociais. Entretanto, essas abordagens geralmente envolvem o aluno em discussões sobre aspectos do comportamento que seriam um foco de mudança combinado, sobre metas negociadas e sobre o progresso que está sendo feito. Igualmente, as abordagens comportamentais geralmente envolvem elementos cognitivos como o automonitoramento, e também são usadas numa conjunção eclética com intervenções de base sistêmica ou psicodinâmica.

O Código das Necessidades Educacionais Específicas (DfES, 2001, especialmente o Capítulo 3) incentiva a participação dos alunos com dificuldades de relacionamento e sugere que eles participem do desenvolvimento e avaliações dos planos educacionais individualizados e de apoio comportamental sempre que possível. Ao incentivar sua participação, devemos buscar um equilíbrio e não sobrecarregar o aluno, pois ele talvez não tenha experiência e conhecimentos suficientes para fazer julgamentos sem ajuda.

> **PONTO PARA PENSAR**
>
> O leitor pode considerar:
> - a eficácia dos procedimentos para se chegar a um entendimento compartilhado das dificuldades de relacionamento pessoal, social e emocional, como discussões, consultas com o coordenador de necessidades educacionais especiais e observação.

TEXTOS-CHAVE

Ayers, H.; Prytys, C. *An A to Z practical guide to emotional and behavioural difficulties*. Londres: David Fulton Publishers, 2002.
Este livro de referência inclui tópicos que refletem as abordagens comportamental, psicodinâmica, cognitiva e sistêmica e o TDAH e cita referências para leituras adicionais.

Farrell, M. *The special education handbook* (3.ed.). Londres: David Fulton Publishers, 2003. Tópicos específicos que podem ser úteis incluem arteterapia, modificação de comportamento, terapia comportamental, comportamento desafiador, hora do círculo, abordagens cognitivas, aconselhamento, dificuldades emocionais, comportamentais e sociais, psicanálise e psicoterapia, habilidades sociais, economia de fichas e terapia residencial. Os apêndices resumem a legislação, relatórios relacionados e documentos consultivos do relatório Warnock até o momento, regulamentos selecionados de 1981 até o presente e circulares selecionadas de 1981 até o presente, incluindo o Special Educational Needs Code of Practice de 2001 e o Special Educational Needs and Disability Act de 2001. Há resumos da Circular 1/94: The Education of Children with Emotional and Behavioural Difficulties; da Circular 10/99: Social Inclusion: Pupil Suport, e da Circular 11/99: Social Inclusion: The LEA Role in Pupil Support.

Capítulo 2

Abordagem sistêmica

Introdução

Este capítulo introduz e explica as abordagens sistêmicas às dificuldades de relacionamento pessoal, social e emocional, primeiro tratando da terapia familiar, depois examinando uma abordagem de sistema escolar e uma abordagem sistêmica conjunta à escola e à família da criança. É examinado brevemente como são vistos os supostos fatores causais dessas dificuldades. Então, são consideradas a identificação e a avaliação relacionadas a esta abordagem, incluindo métodos sociométricos e o questionamento circular. São examinadas várias intervenções informadas por uma abordagem sistêmica, concentradas em uma estrutura de intervenção através de um serviço pedagógico especializado; trabalho em grupo, hora do círculo e círculo de amigos; intervenções por especialistas de fora; ligação entre escola e família.

O que é uma abordagem sistêmica?

Uma abordagem de sistemas

Uma abordagem sistêmica não é sinônimo de haver sistemas eficazes de manejo e responsabilidade operando em conjunto com os serviços pedagógicos especializados e as escolas. Mais exatamente, uma perspectiva sistêmica tem a ver com considerar o comportamento em relação aos contextos em que ele ocorre. O termo perspectiva ecossistêmica é freqüentemente utilizado em relação às abordagens sistêmicas (Ayers e Prytys, 2002, p. 94). Baseada na teoria dos sistemas e na terapia familiar, a perspectiva ecossistêmica é uma abordagem interacional que abrange elementos similares. Neste capítulo, a visão sistêmica se refere a uma abordagem que examina os sistemas na família e na escola.

Terapia familiar

A terapia familiar (Dallo e Draper, 2000) se refere a várias abordagens de terapia de grupo em que o terapeuta atende a todos os membros da família juntos. Uma suposição desta perspectiva é que quando existe um problema aparente que parece estar localizado em um membro específico da família, por exemplo uma criança que apresenta dificuldades de relacionamento, o melhor é considerá-lo um problema da família como um todo.

A abordagem desenvolve capacidades, pois os membros da família são incentivados a se comunicar entre si e a buscar soluções para o problema conforme ele se apresenta. O terapeuta pode oferecer diferentes estratégias para incentivar os membros da família a se comportar, pensar e sentir de modo diferente. Existem várias "escolas" de terapia familiar, como os modelos de terapia familiar estrutural e terapia familiar estratégica, assim como a terapia familiar sistêmica (Gurman e Messer, 2003, Capítulo 11).

A escola em uma abordagem sistêmica

As abordagens sistêmicas refletem "uma visão do comportamento individual que leva em conta o contexto em que ele ocorre" (Dowling e Osborne, 1994, p. 3). Uma visão sistêmica pode ser distinguida de um modelo linear, que busca motivos para explicar as aparentes causas e efeitos dos comportamentos. A perspectiva sistêmica considera o comportamento como existindo dentro de um contexto, o que indica uma visão interacional e holística do comportamento, em vez de uma visão individual.

A idéia de causalidade circular é utilizada para sugerir que seqüências de interação contribuem para a continuação de um "problema". Nesta perspectiva, é mais importante perguntar *como* o problema ocorre do que *por que* ele ocorre (p. 5). Se alguém escolher "pontuar" o círculo de interação focalizando um ponto do ciclo, isso pode dar a impressão de uma causa e um efeito lineares, o que pode ser enganador. Por exemplo, em uma escola, pode haver um ciclo de interação que perpetua uma relação regular de conflito entre um aluno e a professor. O professor pode pontuar o círculo no ponto do comportamento grosseiro e não-cooperativo do aluno em aula e ver o problema como estando predominantemente no aluno. O aluno pode pontuar o círculo no ponto do comportamento do professor em relação a ele e ver o problema como sendo a atitude negativa e desqualificadora da professor. Nem o aluno, nem o professor estão "certos" em qualquer sentido absoluto, em parte porque não existe nenhum sentido absoluto em que o comportamento é avaliado.

Esta perspectiva traria imediatamente um problema para o professor que não se sentiria à vontade com a expectativa de que ela devesse supor que a criança sob seus cuidados tem uma visão da situação tão válida quanto a sua própria. Isso poderia ser interpretado como um exemplo da erosão da autoridade e da ordem. No entanto, uma reflexão adicional poderia sugerir que, a menos que a perspectiva da criança seja levada em conta, seria mais difícil chegar a uma solução para o que é percebido pelo professor e pela escola como uma dificuldade comportamental intratável. Não é uma questão de a criança estar certa e o professor, errado. É mais uma questão de o professor e outras pessoas darem à criança a oportunidade de expressar a situação de seu ponto de vista e tentar compreendê-lo.

Outra característica das abordagens sistêmicas é o conceito da coerência de um sistema e a extensão em que suas partes se combinam de uma maneira equilibrada, interna e externamente, em relação ao seu meio ambiente. Por exemplo, podem existir aspectos auto-reguladores de comportamento individual disfuncional no contexto de um sistema escolar. Foi sugerido que, dessa maneira, aspectos de um sistema escolar podem manter comportamentos anti-sociais. Novamente, pode ser difícil para a escola considerar ou aceitar isso, pois pode parecer, para o pessoal mais velho e outros sob grande pressão, que a escola está sendo acusada de algo que, para eles, seria a intratabilidade óbvia de alguns alunos. Contudo, mais uma vez, uma consideração adicional pode revelar exemplos de alguns aspectos de procedimentos e rotinas escolares que, involuntariamente, estariam tornando mais difícil para alguns alunos a aceitação e a obediência e levar ao entendimento de que essas rotinas poderiam ser melhoradas sem erodir o que é visto como disciplina escolar aceitável.

Abordagens sistêmicas combinadas: a escola e a família

Estratégias consideradas "abordagens sistêmicas" às vezes parecem contrapor explicações de sistema escolar a explicações de sistema familiar ou explicações escola-família combinadas. Por exemplo, McNamara e Moreton (2001) escrevem que algumas tendências de iniciativas para melhorar a escola significaram "que, para certas escolas e serviços pedagógicos especializados, o foco das explicações de comportamentos inadequados se afastaram de fatores socioeconômicos e se aproximaram de explicações de sistemas de sala de aula e escola como um todo" (p. V). Os autores, então, mencionam comportamentos que os professores acham difícil manejar sendo aceitos como "ligados à sala de aula" e, portanto, relacionados ao currículo e relacionamentos interpessoais em sala de aula, "em oposição ao cenário familiar" (p. VI). Isso salienta o aspecto de uma abordagem de sistema escolar que toma o cuidado de não supor explicações "dentro da criança", mas não parece dar crédito suficiente ao potencial de influência do sistema familiar sobre o comportamento da criança, nem tentar unir os dois sistemas.

Certamente é difícil determinar as fronteiras de qualquer sistema específico, mas a idéia de que "família" e "escola" descrevem dois sistemas particulares talvez não seja muito difícil de aceitar como uma posição de trabalho. Um desenvolvimento especialmente interessante de uma abordagem sistêmica é tentar compreender tanto o sistema da família da criança quanto o sistema escolar e levar em conta as inter-relações entre ambos. Uma descrição inicial de uma abordagem deste tipo é encontrada em *The family and the school: a joint systems approach to problems with children*, originalmente publicado em 1985 (Dowling e Osborne, 1994).

A importância do contexto mais amplo está refletida no fato de que tanto a família quanto a escola são vistas como "sistemas abertos", isto é, "sistemas que não podem ser considerados sem referência à sua influência sobre o ambiente em que existem" (p. 6). A família e a escola são vistas como estreitamente interligadas ao longo de um considerável período de tempo, e esta "influência recíproca" determina como os dois sistemas vêem um ao outro.

Foram sugeridos elementos comuns compartilhados por sistemas escolares e familiares: organização hierárquica, regras, cultura (incluindo o etos de uma organização) e sistemas de crenças. Tomando o exemplo de organização hierárquica em uma escola, foi sugerido que a estrutura organizacional pode influenciar a percepção e o comportamento dos alunos de uma maneira que faz com que sejam considerados problemáticos por aqueles que tentam manter a estrutura. Igualmente, nas famílias é considerado importante existir um adulto responsável "no comando", que estabeleça regras consistentes e as comunique aos filhos. Isso ajuda as crianças a se sentir seguras e a compreender as conseqüências de desobedecer às regras (p. 8).

Está claro que tanto as escolas quanto as famílias têm algum tipo de regra, embora na família elas talvez nem sempre sejam tão explicitadas como em muitas escolas, onde é considerado benéfico que as regras sejam muito claras e façam parte da política da escola. As regras específicas de uma família e de uma escola podem diferir, mas o fato subjacente de que há regras representa, no mínimo, um elemento comum.

A cultura de uma escola se relaciona ao seu *ethos*, o que pode ser um conceito escorregadio e algo que às vezes é mais fácil sentir e reconhecer do que articular. Isso é sugerido na maneira como as coisas são feitas na escola, quase inconscientemente. (Para uma discussão adicional sobre *ethos*, incluindo um breve resumo de algumas pesquisas iniciais a respeito de *ethos* escolar, ver Farrell e colaboradores, 1995, p. 82-83.) De forma semelhante, a família tem sua própria cultura e expectativas implícitas de como fazer as coisas.

Com relação a sistemas de crenças, talvez eles sejam mais explícitos nas famílias e escolas em que estão envolvidas crenças religiosas. No entanto, a noção de sistema de crenças é muito mais ampla do que crenças religiosas e abrange as crenças e valores às vezes sutis e implícitos que ajudam a determinar as interações e os comportamentos no dia-a-dia.

Os objetivos de uma abordagem sistêmica combinada à escola e à família foram resumidos como (Dowling e Osborne, 1994, p. 15):
- facilitar a comunicação entre escola, equipe e membros da família;
- esclarecer diferenças na percepção do problema, ao focalizar como ele ocorre em vez de por que ocorre;
- negociar metas que sejam aceitas por todos;
- começar a explorar medidas específicas para obter mudanças.

Fatores causais

Em uma abordagem sistêmica, os fatores causais não estão relacionados a processos inconscientes pressupostos, nem a percepções sociais e pensamentos disfuncionais, nem à aprendizagem de comportamentos inadequados. Considera-se que eles fazem parte do ciclo de interação que ocorre dentro da escola e na família, e entre os dois sistemas. Portanto, a noção de causa linear direta é contestada.

Identificação e avaliação nesta abordagem

Se as noções usuais de causação são contestadas em uma abordagem sistêmica, a identificação dos alunos com dificuldades de relacionamento pessoal, social e emocional também assume um ponto de vista bem diferente do de outras perspectivas. Isso acontece porque a suposição inicial não é a de que existe um problema predominantemente no aluno, que precisa ser identificado para podermos tomar medidas reparadoras ou compensatórias. A suposição inicial é a de que aquilo que é interpretado como uma "dificuldade" do aluno pode ser compreendido em termos sistêmicos, e as implicações disso é que precisam ser identificadas e exploradas. Podemos nos referir a uma criança ou a um jovem como "perturbador" em vez de "perturbado", no mínimo para sinalizar mais claramente o envolvimento de uma outra pessoa, a que está fazendo a descrição. Vemos que a ênfase muda da busca de explicações "dentro" do aluno para a busca de explicações das dificuldades de relacionamento na escola como um sistema e em qualquer outro lugar. De fato, a utilização de uma abordagem sistêmica levaria a empregar expressões como dificuldades comportamentais, emocionais e sociais com especial cuidado em relação à extensão em que os termos "*dificuldades* comportamentais, emocionais e sociais" pressupõem que a "dificuldade" está no aluno.

Assim como a identificação implica reconhecer aspectos dos sistemas que parecem influenciar o contexto do problema, a avaliação também envolve um exame amplo da situação problemática. Ela poderia ser um caso de conflito entre o aluno e o professor, de modo que precisaríamos conseguir evidências das atitudes, idéias, sentimentos e comportamentos do aluno e do professor (e de quaisquer outras pessoas envolvidas). Entre as abordagens que apóiam essa perspectiva, estão as derivadas da sociometria e a técnica do questionamento circular.

A sociometria é uma teoria e um conjunto de práticas desenvolvida por Jacob Moreno para revelar as interações sociais e a dinâmica social nos grupos. Cada membro do grupo recebe um teste sociométrico, na forma de uma escala de avaliação, em que deve expressar seus sentimentos de gostar e desgostar de outros membros do grupo. Perguntas específicas podem aplicar-se a diferentes circunstâncias, tais como com quem a pessoa gostaria de trabalhar, de se encontrar depois da escola e assim por diante. Os resultados são usados para fazer um sociograma, que representa visualmente os relacionamentos no grupo, como alunos isolados e alunos muito populares. A avaliação sociométrica poderia ser usada para reunir e cotejar informações de outros alunos da turma ou turmas em que surgem dificuldades. (Frederickson e Cline, 2002, p. 437-439 dão exemplos.)

O questionamento circular é outra técnica de avaliação que pode ajudar a reunir informações sobre percepções que parecem influenciar a situação. Ele explora os relacionamentos entre as pessoas e também o vínculo entre suas crenças e seus comportamentos. Além de ser uma forma de reunir informações, o questionamento circular pode influenciar a maneira como os participantes vêem a situação. Isso, na extensão em que permitiria aos participantes começar a explorar maneiras diferentes de perceber uma situação, pode ter o efeito de uma intervenção. O questionamento circular pode ser usado para capturar algumas das interações que ocorrem entre diferentes alunos e diferentes aspectos de seu ambiente (como escola, turma, grupos, família e comunidade). Pode ser reunido um pequeno grupo, incluindo o aluno, seus pais, o professor e outros, e cada pessoa é solicitada a se concentrar nos pensamentos, emoções e comportamentos dos outros e em como tudo isso pode interagir.

Intervenções

Um tema geral das intervenções

Na abordagem sistêmica, as intervenções geralmente procuram definir o problema conforme ele se apresenta, em termos mais precisos do que aqueles em que inicialmente foi visto e expresso. Por exemplo, se uma criança é vista como "difícil", um passo inicial seria tentar especificar o que a criança faz que é visto como difícil. Observações e registros do comportamento da criança pela professor, por exemplo, podem contribuir para esse esboço inicial do problema percebido.

A seguir, é feita uma tentativa de expressar o problema em termos das interações que estão associadas a ele. O que leva ao problema? O que se segue a ele? O que parece mantê-lo? Quem mais está envolvido? Qual é o contexto, detalhadamente? Podem ser pensadas e combinadas metas que os participantes desejam para o futuro.

Uma estrutura de intervenção

Esta seção descreve uma estrutura de intervenção criada por Daniels e Williams (2000), que se vale de elementos da psicologia, sociologia e teoria geral de gerenciamento, e é, essencialmente, uma abordagem sistemática interacional para tratar problemas de comportamento em diferentes níveis. Ela se concentra, inicialmente, em planos de comportamento ambiental voltados para fatores da escola e da sala de aula e, posteriormente, em planos de comportamento individual.

Behaviour in schools: a framework for intervention (Ali et al., 1997) representa um sistema que procura reduzir os problemas de comportamento e a exclusão escolar e reduzir o número de registros de dificuldades comportamentais, emocionais e sociais. Documento de orientação, ele foi escrito como parte de um projeto do Birmingham Education Department entre 1996 e 1997. Oferece orientações para todas as escolas e serviços de apoio, para todos os problemas de comportamento, independentemente de serem considerados dificuldades de relacionamento, problemas disciplinares ou psiquiátricos, e envolve um sistema, em vez de métodos, para modificar o comportamento das crianças.

Um dos princípios centrais do sistema era que "os problemas de comportamento em ambientes educacionais normalmente são produto de uma complexa interação entre o indivíduo, a escola, a família, a comunidade e a sociedade mais ampla" (Daniels e Williams, 2000, p. 222). Em sua orientação para os problemas individuais de comportamento, o documento propõe uma série de três níveis de intervenção em que, especialmente no nível 1, são usadas perspectivas sistêmicas.

O nível 1, a parte inicial de encaminhamento do processo, não propõe programas de educação individuais procura tratar o ambiente em que o comportamento surge, podendo relacionar-se a um aluno específico ou a grupos de alunos. O processo envolve utilizar uma "auditoria" comportamental, destinada a conseguir um ambiente educacional ótimo, isto é, um ambiente que existiria "se fossem feitas todas as melhorias ambientais que seria razoável esperar" (p. 222). O "gatilho" para o nível 1 é a expressão de preocupação de algum membro da equipe em relação a qualquer comportamento-problema percebido. De modo importante, a pessoa que expressa a preocupação normalmente fica responsável e tem autoridade no processo durante o nível 1, e é considerada a pessoa líder neste nível.

Na abordagem, é recomendado que cada escola tenha um coordenador de comportamento (ou, em escolas grandes, incluindo escolas de ensino médio, uma equipe), a quem o membro da equipe encarregado leva as questões. O coordenador de comportamento pode aconselhar e ajudar, no nível 1, realizando a auditoria e criando um plano de comportamento ambiental. A pessoa líder (habitualmente o professor da turma ou de alguma matéria) normalmente realiza a auditoria preenchendo uma lista de verificação de comportamento ambiental. Esta lista contém itens que abrangem fatores que afetam o ambiente (por exemplo, o ambiente da sala de aula ou do pátio de recreio), tais como políticas escolares, fatores físicos, organização de sala de aula e o estilo pessoal do professor. Por exemplo, na lista de verificação de Birmingham, os itens sobre manejo em sala de aula incluem "o bom comportamento do aluno ser 'nomeado' e refletido de volta" e "o apoio do adulto ser utilizado com a máxima eficácia" (p. 223).

Depois que a lista for preenchida, o professor líder pode decidir lidar com uma determinada área por meio do plano de comportamento ambiental. Isso é aceitável na medida em que for praticável e tiver alguma ligação com o comportamento que está causando a preocupação. Antes de implementar o plano de comportamento ambiental, é feita uma mensuração do(s) comportamento(s) que preocupa(m), que será um ponto de partida com o qual comparar a eficácia do plano e seus efeitos sobre o indivíduo e também sobre o ambiente. O plano é seguido por no mínimo seis semanas. Os problemas de comportamento que surgirem durante esse período continuarão sendo tratados de acordo com os procedimentos normais da escola. O coordenador de comportamento também pode ser auxiliado pela psicóloga educacional ou pelos professores do serviço de apoio comportamental, com o propósito de capacitar o coordenador e o professor que levantou o problema. No final do prazo do plano de comportamento ambiental, é feita uma avaliação, habitualmente pelo coordenador de comportamento e pelo professor (não os pais).

Se a preocupação com os comportamentos-alvo continuar mesmo depois da execução do plano de comportamento ambiental, passa-se para o nível 2 da

Estrutura. No nível 2, são introduzidos planos de comportamento individual, e o plano de comportamento ambiental continua sendo implementado. O plano de comportamento individual, uma forma de plano educacional individualizado, envolve um trabalho conjunto entre o coordenador e o professor, e o coordenador de comportamento pode passar a ser a pessoa líder. O plano educacional individualizado pode incluir intervenções como aconselhamento ou sistemas de recompensa individual.

O nível 3 da Estrutura centra-se no plano educacional individualizado e pode envolver o trabalho de pessoas de fora da escola, como psicólogos, para aconselhar ou intervir diretamente.

Depois do nível 3, para os alunos cujos problemas de comportamento são graves, mas não são considerados predominantemente uma necessidade educacional especial, pode ser feito um plano de ação conjunta entre serviços apropriados para incentivar o trabalho conjunto. Outra opção, quando parece haver NEE, é uma avaliação estatutária.

Trabalho em grupo e hora do círculo

Trabalho em grupo

O trabalho em grupo é uma intervenção que pode ser fundamentada por diferentes perspectivas, incluindo a cognitivo-comportamental, a psicodinâmica e a comportamental. Considerar o trabalho em grupo dentro do contexto de uma abordagem sistêmica não pretende sugerir que outras perspectivas seriam secundárias em importância. Entretanto, certas características das perspectivas sistêmicas são compartilhadas por algumas abordagens ao trabalho em grupo. Por exemplo, considerações grupais dos problemas e soluções grupais tendem a não supor um lócus individual para o problema, mas vê-lo como um aspecto da interação entre indivíduos e os contextos em que eles funcionam. Os potenciais benefícios do trabalho de grupo, desde que bem planejado e utilizado apropriadamente, foram resumidos conforme segue (Ayers e Prytys, 2002, p. 116). Ele:

- proporciona oportunidades de crescimento e de desenvolvimento pelo compartilhamento de problemas e experiências e oportunidades para praticar habilidades e comportamentos recém-adquiridos;
- permite que as crianças aprendam novas habilidades sociais e aumenta sua auto-estima;
- permite que um número maior de crianças seja ajudado e isso, provavelmente, redundará em economia de tempo e dinheiro.

Alguns pontos gerais precisam ser mantidos em mente na preparação do trabalho de grupo com alunos considerados como apresentando dificuldades comportamentais, emocionais e sociais. O nível de habilidades e treinamento do(s) líder(es) do grupo é importante, incluindo habilidades de aconselhamento e a capacidade de ser um facilitador eficaz. Se um professor é o facilitador, o papel de facilitador terá de ser explicado e aceito pelos alunos que participam do grupo, e precisarão ser pensados arranjos de supervisão e apoio para os líderes do grupo. O comportamento de determinados membros pode dificultar a facilitação no grupo. Embora as abordagens grupais tendam a ver os problemas em termos de interações entre indivíduo e contexto, certos comportamentos dificultam as intervenções no grupo. Por exemplo, o trabalho de grupo pode não se adequar a alunos com autocontrole muito limitado ou que tendem a ser fisicamente agressivos ou destrutivos. (O trabalho em grupo, para esses alunos, pode ser facilitado pelo trabalho em pares.)

Além disso, o líder do grupo precisará de estratégias para lidar com alguns dos comportamentos que podem surgir no grupo, tal como disruptura, monopolização e resistência. Deve ser buscado o consentimento dos pais ou responsáveis e obtido o consentimento informado do aluno. Será necessária uma sala adequada, e precisam ser definidos a duração das sessões (talvez entre uma e duas horas, dependendo de fatores como a idade da criança) e o número de sessões (possivelmente dez, para incentivar um foco nos resultados). (Ver também Geldard e Geldard, 2001.)

Um exemplo de trabalho de grupo em escolas é o utilizado como parte do programa Coping in Schools (McSherry, p. 32-44). "Grupos de reintegração" para alunos com dificuldades de relacionamento foram criados em escolas especiais e em unidades de encaminhamento de alunos, para alunos avaliados como estando prontos para serem preparados para a transferência para uma escola regular (p. 23). O trabalho de grupo foi utilizado em escolas de ensino fundamental para apoiar alunos em risco de não conseguir lidar com a transferência para a escola de ensino médio. O trabalho de grupo, nesse caso, usou o grupo como a base para o desenvolvimento de habilidades sociais e técnicas de manejo para desenvolver habilidades "pela interação com seus pares e com adultos em um ambiente apoiador" (p. 34). O objetivo era "ajudar os alunos a refletir sobre suas habilidades ao enfrentar situações difíceis e promover o uso do apoio dos iguais para desenvolver estratégias eficazes" (p. 34).

Geralmente, as funções do grupo eram (p. 36):
- aumentar a auto-estima;
- estimular uma auto-imagem positiva;
- ajudar a desenvolver estratégias;
- permitir que os alunos estabelecessem suas próprias metas;
- capacitar os alunos a avaliar o seu progresso;
- fomentar o apoio e a ajuda dos outros no grupo;
- reforçar positivamente os sucessos dos alunos.

Os grupos habitualmente eram compostos por quatro a seis jovens, facilitados por um adulto apoiador, como um professor ou um mentor de aprendizagem, e se reuniam no mesmo lugar e à mesma hora uma vez por semana. O grupo fez uma combinação no sentido de manter sigilo.

Hora do círculo

A hora do círculo é uma abordagem em que o grupo de iguais se concentra em compartilhar percepções e lidar em grupo com qualquer problema que surgir. Tipicamente, professor e alunos sentam-se em um círculo para conversar, tendo combinado previamente algumas coisas sobre como funcionar. Por exemplo, deve haver revezamento e as pessoas devem escutar. Inicialmente, as estratégias e questões podem ser escolhidas pelo professor para ajudar os alunos a focalizar preocupações e dificuldades que refletem problemas na escola e na família. As crianças exploram seus sentimentos e preocupações e pensam em soluções para as dificuldades. Confiança, compartilhamento e responsabilidade grupal são centrais na abordagem, que visa a desenvolver auto-estima e confiança.

A hora do círculo é utilizada em um crescente número de escolas, e o exemplo considerado nesta seção é descrito como "uma abordagem sistêmica a dificuldades emocionais e comportamentais" (Kelly, 1999). Ela descreve um projeto colaborativo em uma escola de ensino fundamental da Escócia, onde um número significativo de alunos foi avaliado como apresentando dificuldades comportamentais, emocionais e sociais e isso foi considerado como tendo relação com o baixo autoconceito dos alunos. Então foi introduzida a hora do círculo, tanto no ambiente de sala de aula como para grupos fora da turma, resultando em mudanças positivas no comportamento dos alunos-alvo, especialmente em intervenções na turma como um todo.

Inicialmente, a diretora da escola e a psicóloga educacional discutiram com a equipe da escola a perspectiva de utilizar uma abordagem de grupo e, a seguir, dois professores foram convidados para ajudar a planejar e desenvolver o projeto. Esses professores eram o professor de apoio da aprendizagem e um professor de classe. Foi formado um pequeno grupo de planejamento, que se concentrou na ligação entre auto-estima e comportamento, e foi escolhido um modelo específico de hora do círculo (Mosley, 1996) como o método de intervenção grupal. Acreditava-se que o autoconceito e o comportamento melhorariam, pois (Kelly, 1999, p. 41):

- incentiva o *feedback* positivo de criança para criança e dos professores para a criança;
- incentiva a auto-afirmação positiva;
- garante a atenção positiva do professor e permite a exploração de situações que afetam toda a escola, nas quais é provável que ocorram dificuldades;
- pode ser ampliado para se tornar uma estratégia da escola inteira;
- promove a autoconsciência e aumenta a comunicação franca.

Círculo de amigos

Para os alunos com diciculdades de relacionamento, que talvez sejam retraídos e vulneráveis, a criação de um círculo de amigos (Newton e Wilson, 1999) pode ajudar a formar vínculos entre o aluno e os outros. Por exemplo, em uma escola regular, um aluno com dificuldades comportamentais, emocionais e sociais pode passar parte do dia com outros alunos que têm as mesmas dificuldades e parte do dia tendo aulas com o restante dos colegas. Um círculo de amigos pode ajudar a garantir que, quando o aluno com dificuldades de relacionamento pessoal social e emocional estiver na sala de aula e no pátio de recreio, terá uma maior oportunidade de formar bons relacionamentos com os outros alunos (Essex LEA [serviço pedagógico especializado de Essex], 1999; ver também a lista de "Endereços").

O professor que organiza o círculo de amigos em geral é apoiado inicialmente por outra pessoa, talvez de fora de escola e com experiência em iniciar tais grupos. Se o grupo for constituído pela turma inteira, alguém que habitualmente não ensina a turma terá uma conversa preliminar com os alunos. A criança a ser apoiada não estará presente, mas a abordagem terá sido discutida com ela e ela terá dado seu consentimento. O facilitador pede aos alunos da turma que descrevam situações envolvendo a criança-alvo em que as coisas correm bem e situações em que não correm bem. Os alunos, a seguir, refletem sobre seus sentimentos quando se sentem deixados de fora ou sem amigos. O facilitador pede idéias para melhorar a situação, que podem ser sugestões como sentar perto da criança-alvo em uma aula ou conversar com ela no pátio de recreio. O facilitador, então, pede voluntários para formar um círculo de amigos.

Posteriormente, a equipe da escola decide quais voluntários serão escolhidos, selecionando talvez seis crianças. O "círculo", então, se reúne com a criança-alvo, conta-lhe todas as coisas positivas que foram ditas e discute como ela gostaria de ser incluída no que eles fazem. O círculo se reúne periodicamente (talvez semanalmente) para discutir como as coisas estão progredindo, o que está e o que não está funcionando. Esse tipo de apoio formal pode continuar durante um semestre ou mais tempo (ver também Taylor, 1997).

Intervenção de especialistas

Pode ser cogitada a intervenção de especialistas de fora da escola e do sistema familiar, como um consultor ou um terapeuta de família. Tal especialista, ao assumir uma visão sistêmica da situação, veria a si mesmo como externo ao sistema da família e da escola. Ele procuraria recorrer a entendimentos da terapia familiar e outros elementos teóricos para ajudar os envolvidos a compreenderem o contexto do problema percebido.

Aspectos positivos da abordagem sistêmica e do envolvimento do especialista de fora são que eles podem ajudar a impedir ou reduzir os potenciais efeitos negativos de se rotular uma criança como sendo a única ou a principal causa do problema. Isso pode evitar o uso (ou pelo menos levar a um cuidado maior no uso) de termos como "dificuldade", que tendem a localizar o problema na criança.

Entretanto, tendo em mente essa linguagem potencialmente negativa ou restritiva, há o risco de alguns especialistas terapêuticos terem perspectivas que, do ponto de vista da escola, "medicalizam" desnecessariamente a situação pelo uso de sua terminologia. Eles podem trabalhar em uma clínica e ter formação de terapeutas. Situações de trabalho, por exemplo, envolvendo uma criança que percebe que teve de se defender quando isso talvez fosse inadequado, são descritas como "exemplos clínicos" (Dowling e Osborne, 1994, p. 64).

Ligação escola-família

Onde existe um profissional de ligação escola-família, este pode trabalhar de forma independente ou ser contratado pela escola, pelos serviços pedagógicos especializados ou outros. Cada uma dessas alternativas de emprego e responsabilidade pode afetar a maneira como as famílias e a escola verão o profissional. Um profissional de ligação escola-família não precisa, necessariamente, ser treinado como consultor ou terapeuta familiar, mas pode trabalhar mais pragmaticamente partindo do princípio de que geralmente é melhor, quando existe um problema percebido, que a escola e a família da criança se comuniquem e que cada um tente compreender o ponto de vista dos outros se houver divergências. Essa abordagem aceita a perspectiva dos sistemas combinados, ainda que nem sempre utilize em suas intervenções, de modo explícito e coerente, abordagens relacionadas.

PONTOS PARA PENSAR

O leitor pode considerar:
- a adequação das abordagens dos serviços pedagógicos especializados que se valem das perspectivas sistêmicas;
- a aplicabilidade de intervenções na turma e no grupo, como a hora do círculo;
- a potencial utilidade de especialistas "externos", como pessoas com formação em terapia familiar ou consultoria, para se chegar a um o entendimento e intervenção adequados referentes aos sistemas combinados da escola e da família;
- a extensão em que *insights* e intervenções relacionadas às abordagens sistêmicas podem ser utilizados de maneira eficaz por professores e outras pessoas que trabalham em escolas.

TEXTOS-CHAVE

Dowling, E.; Osborne, E. (eds.). *The family and the school: a joint systems approach to problems with children* (2. ed.). Londres: Routledge, 1994.
A primeira edição desse livro foi uma das primeiras contribuições a relacionar a teoria sistêmica tanto à família quanto à escola, e a segunda edição mantém este tema.

Mosely, J.; Tew, M. *Quality circle time in the secondary school: a handbook of good practice.* Londres: David Fulton Publishers, 1999.
Esse livro, como o título indica, oferece orientação sobre o que constitui uma boa prática na provisão de hora do círculo para alunos mais velhos.

Capítulo 3

Abordagem cognitiva

Introdução

Neste capítulo, são explicadas as razões para utilizar uma abordagem cognitiva nas intervenções em alunos com dificuldades de relacionamento pessoal, social e emocional, como a identificação e a avaliação são consideradas desta perspectiva e mencionadas algumas intervenções associadas. As intervenções explicadas são aspectos cognitivos de letramento emocional, desenvolvimento da auto-estima por meio de abordagens cognitivas, manejo da ansiedade e fala interna (conversa consigo mesmo) e realinhamento das atribuições alheias. Também são consideradas algumas abordagens normalmente agrupadas sob o rótulo cognitivo-comportamental: terapia comportamental racional-emotiva; terapia cognitiva; abordagens de solução de problemas; teoria da atribuição e treinamento da reatribuição. Aspectos dessas abordagens são vistos no treinamento do manejo da raiva, que o capítulo também examina.

Fundamentos

Esta seção define a cognição, esclarece como ela pode explicar certas dificuldades comportamentais, emocionais e sociais e como isso pode ser utilizado para diminuir essas dificuldades. Cognição é um conceito amplo, relacionado a como percebemos e interpretamos os acontecimentos. A cognição envolve:
- pensar, planejar e resolver problemas do cotidiano;
- atribuir causas aparentes aos acontecimentos (por exemplo, formar a opinião de que uma pessoa específica é culpada ou responsável por determinado evento);
- desenvolver autopercepção e auto-estima;
- formar e manifestar várias atitudes.

As abordagens cognitivas enfatizam, de modo especial, fenômenos "internos", como a percepção e a memória, que desenvolvemos com a experiência e que influenciam nosso comportamento atual. A consciência pessoal do ambiente e a capacidade de responder a ele de modo flexível são consideradas importantes, assim como a intuição e o *insight*. A criança é vista como uma participante ativa em sua aprendizagem – ativada espontaneamente para explorar e aprender.

Em uma abordagem cognitiva a alunos com dificuldades comportamentais, emocionais e sociais, esses processos são cuidadosamente considerados como uma possível explicação para as dificuldades e como maneiras de lidar com elas. Por exemplo, se uma criança ou um jovem pensa constantemente em si mesmo como sendo ameaçado por circunstâncias com as quais os outros lidam rotineiramente, é provável que ele fique ansioso. Se for possível auxiliar o aluno a lidar com essa ansiedade, isso pode ajudá-lo a enfrentar situações "ameaçadoras" e a lidar com elas de forma adequada, o que aumentará sua confiança. Isso, por sua vez, reduzirá sua ansiedade. Em resumo, se as dificuldades de relacionamento forem relacionadas à maneira como a criança passou a perceber e interpretar os eventos, sentir-se capaz de percebê-los e interpretá-los diferentemente poderia levar à redução das dificuldades de relacionamento pessoal, social e emocional.

Padrões de pensamento negativo podem ter relação inicialmente com eventos em que a criança de fato foi ameaçada, mas persistem e se tornam tão arraigados que se mantêm mesmo na ausência de uma ameaça real. Percepções negativas mais gerais de ocorrências do dia-a-dia (como interações na escola) podem, igualmente, estar relacionadas a eventos específicos genuinamente desagradáveis ou maldosos, mas, da mesma forma, fixam-se inadequadamente como maneiras de perceber e reagir à escola. Tais percepções e interpretações podem ser incentivadas e reforçadas se outros alunos, por exemplo, em um grupo muito unido, tiverem a mesma visão da escola. Quando essas percepções negativas levarem a comportamentos anti-sociais e antiescola, a equipe didática e outros alunos provavelmente reagirão negativamente, o que será uma "razão" adicional para manter o comportamento negativo original – e estará criada uma espiral viciosa.

Resumidamente, esta é a explicação cognitiva das origens e manutenção das dificuldades comportamentais, emocionais e sociais. A explicação também sugere como as dificuldades de relacionamento podem ser identificadas e avaliadas, e qual poderia ser a resposta educacional a essas dificuldades.

Identificação e avaliação na abordagem cognitiva

Fica claro que a identificação e a avaliação, nesta perspectiva, dependem de procurar estabelecer os processos de pensamento do aluno, como seu autoconceito e suas atribuições (sua forma de atribuir causas aparentes a eventos, talvez ao acreditar que certo evento foi culpa de uma determinada pessoa). O autoconceito influencia a auto-estima, que, por sua vez, está relacionada a sentimentos de autovalor e pode ser examinada de várias maneiras – por exemplo, pelo uso de avaliações preenchidas pelo aluno ou, colaborativamente, pelo aluno e um adulto (Morris, 2002, p. 19-22).

As atribuições características do aluno podem ser conhecidas por questionários ou por entrevistas nas quais se discutem, detalhadamente, as suas percepções e interpretações. Se, com base nisso, parecer que podemos compreender satisfatoriamente as dificuldades de relacionamento pela abordagem cognitiva, podemos pensar em intervenções. Tanto a avaliação e a interpretação da cognição do aluno quanto os propósitos e tipos adequados de intervenção normalmente exigirão que o aluno, em algum nível, aceite como críveis as interpretações de suas dificuldades. Isso sugere um nível de honestidade e confiança entre o aluno e a pessoa que facilita a avaliação e intervenção que inicialmente pode ser difícil e de lento estabelecimento.

Intervenções baseadas em uma abordagem cognitiva

As intervenções muitas vezes dependem de tentar ajudar o aluno a perceber e a interpretar eventos e circunstâncias diferentemente de sua maneira habitual. Os primeiros quatro exemplos a seguir relacionam-se a:
- aspectos cognitivos de letramento emocional envolvendo a preparação de todo o contexto escolar, incentivando os alunos a desenvolver a linguagem dos sentimentos;
- aumento da auto-estima;
- manejo da ansiedade e da fala interna;
- trabalho com os outros para reconhecer as mudanças na criança com dificuldades comportamentais, emocionais e sociais.

Na extensão em que isso se relacionar a comportamentos, estados emocionais e interação social, espera-se que mudanças na cognição produzam melhoras no manejo das situações.

Aspectos cognitivos de letramento emocional

Inteligência emocional e letramento emocional

A inteligência emocional foi descrita em termos do conhecimento e organização dos sentimentos: estar ciente dos próprios sentimentos, administrá-los apropriadamente, "disciplina-los" a fim de atingir os seus objetivos e "reconhecer os sentimentos dos outros". Ela inclui "automotivação, autocontrole, persistência, empatia, adiar a autogratificação e desenvolver relacionamentos positivos com os outros e competência social" (Ayers e Prytys, 2002, p. 98). O paralelo, evidentemente, é com a inteligência cognitiva. A implicação é que a chamada inteligência emocional, tal como a inteligência cognitiva, é importante e representada por uma série de habilidades e capacidades.

O letramento emocional é uma noção relacionada. A analogia com o letramento talvez seja uma indicação de que o letramento emocional pode ser ensinado. Poderíamos ficar fluentes de maneira semelhante ao que acontece quando aprendermos a ler, a escrever e a soletrar. O letramento emocional foi definido como "a prática de pensar individual e coletivamente sobre como as emoções determinam nossas ações e de utilizar o entendimento emocional para enriquecer nosso pensamento" (Antidote, 2003, p. V).

O letramento emocional e a escola

A Antidote, uma organização que procura promover o letramento emocional, explicou seu entendimento da abordagem, que é resumida a seguir. A Antidote acredita que, embora o letramento emocional possa complementar um trabalho intensivo com "crianças perturbadas", ele não deve substituí-lo (p. 8). O letramento emocional pode ser visto como tendo cinco elementos (p. 33-56):
- desenvolvimento da linguagem dos sentimentos;
- reflexão sobre sentimentos;
- interesse pelo que os outros estão sentindo;
- empenho em um diálogo sobre pensamentos e sentimentos;
- criação de uma narrativa pessoal.

Os três primeiros elementos são mecanismos alimentadores de "empenho em um diálogo sobre pensamentos e sentimentos". Isso, por sua vez, contribui para a "criação uma narrativa pessoal", em que a pessoa coloca tudo o que aprendeu sobre si mesma em uma narrativa que "lhe permite experienciar a vida como significativa e valiosa" (p. 33).

Embora o letramento emocional seja visto como envolvendo toda a comunidade escolar, certos contextos podem contribuir com ele, incluindo (p. 58-82):
- a hora do círculo (e reuniões de "bem-estar" de toda a escola, tutoria por seus pares e discussões em grupo);
- apoio dos iguais (incluindo tutoria por seus pares);
- filosofia para crianças (incluindo habilidades de pensamento e colaboração);
- trabalho terapêutico (como a dramatização de incidentes "reais");
- ensino do currículo por meio do diálogo (incluindo o ensino de estratégias de aprendizagem e aprendizagem cooperativa).

Considera-se que as qualidades de uma escola emocionalmente letrada relacionam-se ao seu esforço para pôr em prática seis "valores centrais": segurança (segurança emocional), abertura, compaixão, conexão, reflexão e orientação para o crescimento (p. 83-84).

Abordagens cognitivas em relação ao letramento emocional

Veremos que qualquer tentativa de desenvolver uma visão abrangente do letramento emocional recorre a várias abordagens. A hora do círculo pode ser relacionada a abordagens sistêmicas (e é considerada neste livro como exemplo delas). Dependendo da orientação específica, a dramatização e o desempenho de papéis podem valer-se de perspectivas psicoterapêuticas. Uma visão cognitiva também informa alguns aspectos de abordagens consideradas como parte do letramento emocional. Entre os elementos cognitivos mais importantes está o desenvolvimento de uma linguagem para as emoções. Acreditamos que a criança que aprende uma linguagem para os sentimentos será capaz de expressar suas emoções em palavras mais eficientemente e de se comunicar mais diretamente. As pessoas, então, entenderão melhor, e a criança poderá participar de um diálogo sobre os sentimentos e como eles podem ser compreendidos.

Um recurso para incentivar tal linguagem é o *Zippy's Friends* (Amigos de Zippy), publicado pela Partnership for Children (ver "Endereços"). É um programa para crianças pequenas (foi desenvolvido para crianças de 6 anos), que inclui uma série de histórias sobre Zippy, um inseto de corpo e pernas compridos e finos, e seus amigos, um grupo de crianças. Nas histórias, eles vivem questões como amizade, *bullying* (intimidação dos colegas), sentir-se solitário, lidar com perdas e assim por diante. O objetivo é encorajar as crianças a falar sobre seus sentimentos, pensar em maneiras de lidar com eles e saber onde procurar ajuda.

Outras abordagens para incentivar o uso da linguagem dos sentimentos, que pode ser empregada de diferentes maneiras com alunos mais jovens e mais velhos, são marionetes, desempenho de papéis, psicodrama e falar sobre situações imaginárias ("O que você faria se...?"). O tema comum desses métodos é que eles inicialmente permitem que o aluno fale sobre sentimentos em relação a coisas imaginárias, distanciadas das preocupações reais que talvez tenha. Mas elas são uma ótima oportunidade para o aluno avançar e falar mais diretamente sobre os próprios sentimentos e experiências.

É contra este pano de fundo de oportunidades para os alunos desenvolverem a linguagem dos sentimentos na escola como um todo, e de outras oportunidades para melhorar o entendimento das emoções, que podem ser criadas intervenções mais específicas para os alunos com dificuldades comportamentais, emocionais e sociais.

Aumentando a auto-estima por meio de abordagens cognitivas

Identidade e auto-estima

As idéias e teorias sobre o desenvolvimento do autoconceito não vêm apenas das teorias cognitivas. Por exemplo, em aspectos das teorias de Sigmund Freud (por exemplo, Freud, 2003 [1940]), é sugerido que a criança começa a se separar da mãe quando o ego começa a se desenvolver e a formar um senso de *self*. Entretanto, de um ponto de vista mais cognitivo, conforme a criança interage com os outros, as reações das pessoas e as respostas dela a essas reações contribuem para a noção de quem ela é. Quando esses "outros" são pessoas com as quais ela tem um contato regular e significativo, a forma como a percebem é particularmente influente.

Conforme a criança amadurece, entra em contato com um círculo mais amplo de pessoas que podem influenciá-la, e ela vai filtrar ou rejeitar informações que não correspondem à sua noção emergente de *self*. As pessoas que influenciam o senso de *self* da criança também mudam ao longo do tempo ou por força das circunstâncias, ou por uma escolha de relacionamentos. Relacionado a tudo isso está o grau em que a criança se valoriza ou não.

Uma série de evidências apóia a ligação entre auto-estima e realização acadêmica (por exemplo, Lawrence, 1996). A auto-estima se relaciona a sentimentos de auto-valor e autoconsideração e foi definida como dependendo de autoconhecimento, da extensão em que a pessoa se sente aceita e da própria crença de ser capaz de influenciar outras pessoas e o ambiente (por exemplo, Morris, 2002, p. 3). A auto-estima, então, está relacionada a conhecimentos, sentimentos e crenças. Disso decorre que, entre as maneiras de elevar a auto-estima de uma criança, estão as abordagens ligadas a uma perspectiva cognitiva.

Avaliações da auto-estima incluem uma lista de verificação conhecida como *B/G Steem* (Maines e Robinson, 1988). Ela inclui perguntas como "Você se preocupa muito?" e "As outras crianças são maldosas com você?", às quais o aluno responde fazendo um círculo em torno de respostas "sim" e "não". Seu objetivo é fornecer uma indicação da auto-estima e do lócus de controle. Como já foi indicado, o grau em que a pessoa se sente capaz de influenciar seu ambiente é um aspecto importante da auto-estima.

Intervenções para encorajar o autoconhecimento

Desenvolver autoconhecimento implica possuir uma linguagem para falar sobre sentimentos e atitudes, aspirações e crenças e ter oportunidades para expressá-las e explorá-las. Um ensino e um aconselhamento que incentivem a criança a compreender melhor seus sentimentos, comportamentos e atitudes ajudarão os alunos com dificuldades comportamentais, emocionais e sociais. Entretanto, esta é uma área em que eles podem ter dificuldade inicialmente, porque seus sentimentos são dolorosos e perturbadores, ou a criança pode erguer uma barreira contra tais comunicações porque os colegas sugerem que elas são um sinal de fraqueza.

Intervenções destinadas a criar auto-atribuições mais positivas

Por meio de ensino e aconselhamento, o aluno pode passar a ver sob uma luz mais positiva, de modo genuíno e verdadeiro, atributos que até então considerava depreciativos. Ver a si mesmo como "uma pessoa chata" poderia ser reafirmado como "uma pessoa que tem interesses profundos". Ver a si mesmo como "lento" poderia ser reinterpretado como sendo cuidadoso e meticuloso. Essas reatribuições não acontecem da noite para o dia, especialmente quando os jovens pensam sobre si mesmos de maneira negativa há muitos anos. Elas surgem e se desenvolvem lentamente dentro de relacionamentos de confiança em que alguém importante (por exemplo, um professor ou conselheiro) realmente vê o jovem de maneira mais positiva. Essa pessoa importante deve ser capaz de discutir essa perspectiva com a criança e apresentá-la como uma maneira alternativa genuína de ver a si mesma e as situações que vivencia.

Em um nível mais cotidiano, o professor e o auxiliar de apoio da aprendizagem devem fazer seus comentários e pedidos à criança em termos mais diretos e positivos do que consistentemente negativos. Assim, no nível mais básico, "Você não está me escutando" se torna "Escute", e "Não fale o tempo todo" se torna "Faça seu trabalho". Uma vantagem extra desta abordagem é que ela evita a fraqueza dos comentários negativos, que às vezes simplesmente criticam, mas não deixam claro o que a criança deve fazer para obedecer ("Não fale o tempo todo"). Ao contrário, comentários e pedidos positivos indicam o que a criança deve fazer ("Faça seu trabalho").

Mesmo os professores experientes, em especial quando estão sob estresse, nem sempre percebem a extensão em que os comentários negativos durante as aulas e, às vezes, dirigidos a muito poucos alunos, podem ficar arraigados. Quando membros da equipe sênior de gerenciamento ou outros colegas da escola estão observando aulas como parte de um estudo ou monitoramento, eles podem dar aos professores um *feedback* construtivo sobre o uso eficaz de comentários positivos e negativos. Tomar notas de alguns comentários negativos e discutir uma fraseologia alternativa, que deixe claro o que se espera do aluno, pode ser muito útil.

Manejo da ansiedade e fala interna

Se um aluno ficar ansioso em certas situações, e se isso não tiver relação com qualquer causa "real" aparente para a sua ansiedade, ele pode ser ensinado a reconhecer quando começa a ficar ansioso. Ele pode aprender a perceber o aumento dos batimentos cardíacos e outros sinais explícitos, como sudorese nas mãos. Ao reconhecer esses sinais, ele mesmo pode agir sobre sua ansiedade utilizando um monólogo interno, ou "fala interna". Podemos combinar com ele como seria essa fala interna, esclarecer os elementos de um roteiro que devem estar presentes – ele precisa entender bem como é esse diálogo consigo mesmo. A fala interna costuma envolver elementos que:
- estimulam a calma;
- contestam a interpretação negativa do evento ou circunstâncias;
- procuram substituir a interpretação negativa por uma interpretação crível e verossímil.

Diante de um professor que o aluno acha que não gosta dele, ele pode criar o seguinte roteiro:

> Eu vou ficar calmo. O professor só me perguntou se eu entendi a pergunta e eu já concluo que ele está sendo sarcástico. Mas ele pode estar apenas verificando se eu entendi, para saber se precisa explicar melhor. Eu direi que não entendi e pedirei a ele que explique novamente.

Uma explicação dessas abordagens é a suposição de que pensamentos e palavras se influenciam mutuamente. Acredita-se que padrões de pensamento negativo são criados por roteiros negativos internos, continuamente repetidos. A pessoa que procura esforçar-se para substituir os roteiros negativos por positivos pode modificar esses padrões de pensamento. Se os pensamentos levam a roteiros que influenciam percepções e comportamentos, então palavras reaprendidas, no decorrer de um longo período de tempo, terão um efeito sobre percepções e respostas.

Realinhando as atribuições alheias

Há uma importante intervenção dirigida aos outros, não ao aluno com dificuldades de relacionamento. Foi salientado anteriormente que as atribuições originalmente errôneas do aluno com dificuldades podem ser confirmadas pelas reações das pessoas à sua negatividade – existem sentimentos negativos ou hostis reais dirigidos a ele. Se o aluno, no decorrer do tempo, conseguir perceber e interpretar as coisas de outra maneira, é importante que as pessoas de seu círculo, incluindo seus pares e professores, deixem de reagir com atitudes e respostas negativas. Tudo isso, é claro, pode ser muito sutil. Talvez seja necessário trabalhar com as pessoas que devem apoiar o desenvolvimento e a reinterpretação do aluno para que suas mudanças sejam duradouras.

Um veículo para isso pode ser a abordagem do círculo de amigos (Newton e Wilson, 1999), já discutida no Capítulo 2. Isso incentiva os iguais a apoiarem o aluno e se empenharem com ele em uma busca conjunta de solução para os problemas. Inicialmente, um psicólogo educacional ou outra pessoa adequada de fora da escola conversa com a turma toda sem o aluno estar presente, mas com a permissão dele e dos pais. Depois disso, é escolhido um pequeno número de crianças que concordam em se reunir regularmente com o aluno. O professor ou um conselheiro se reúne com o grupo para agir como facilitador e ajudar o grupo a identificar problemas e estratégias. No contexto específico de criar em torno da criança um grupo que seja sensível às suas atribuições modificadas e em modificação, o papel do grupo e os problemas específicos enfrentados por ele serão informados por essa perspectiva.

Uma perspectiva cognitivo-comportamental

Uma perspectiva cognitivo-comportamental pode ser explicada, em parte, com referência às terapias cognitivo-comportamentais. Foi sugerido que essas terapias "representam híbridos de estratégias comportamentais e processos cognitivos, com o objetivo de conseguir mudanças comportamentais e cognitivas" (Dobson e Dozois, 2001, p. 11-12).

Do ponto de vista cognitivo-comportamental, o comportamento é visto como influenciado pela cognição (atitudes e pressupostos) e pela avaliação cognitiva (os processos de pensamento e raciocínio). As intervenções envolvem monitorar as cognições, procurar conexões entre pensamentos, sentimentos e comportamentos e tentar substituir cognições negativas por positivas. As intervenções específicas consideradas a seguir são terapia comportamental racional-emotiva, terapia cognitiva, abordagens de solução de problemas, e teoria da atribuição e treinamento da reatribuição. Aspectos dessas abordagens estão evidentes no treinamento do manejo da raiva de uma perspectiva cognitiva, o que também é considerado.

Terapia comportamental racional-emotiva

A terapia comportamental racional-emotiva foi criada por Albert Ellis (ver, por exemplo, Ellis et al., 1997) e tem como foco central as crenças racionais e irracionais.

Ela vê as dificuldades de relacionamento pessoal, social e emocional como predominantemente autocriadas e decorrentes de crenças, interpretações e avaliações do que acontece na vida da pessoa. São mantidas crenças sobre si mesmo, os outros e o ambiente, e essas crenças podem influenciar pensamentos, emoções e comportamentos. As crenças, quer positivas, quer negativas em seu efeito, podem ser modificadas. Crenças racionais fazem a pessoa se sentir melhor, e suas conseqüências são emoções negativas saudáveis, como tristeza ou preocupação.

Entretanto, as crenças irracionais são autoderrotistas e contribuem para as dificuldades comportamentais, emocionais e sociais. O pensamento irracional é caracterizado por pensamentos absolutistas e por inferências que não podem ser substanciadas. Esse pensamento pode levar a emoções negativas não-sadias, como raiva, ansiedade e culpa. Considera-se que os problemas psicológicos sejam provocados por perturbações do ego – demandas absolutistas dirigidas a si próprio – ou por "perturbação de desconforto" – demandas absolutistas referentes a condições.

Nesse contexto, pode-se utilizar a análise cognitiva ABC, em que "A" é um evento **a**tivador, como percepções e inferências, "B" são crenças (**b**eliefs) racionais e irracionais e "C" são as **c**onseqüências emocionais e comportamentais.

Comportamentos adaptativos são incentivados corrigindo-se pensamentos irracionais ou modificando-os. Acredita-se que as principais crenças atuais são aquelas que perturbam as pessoas, mais do que as passadas, e é isso o que essa abordagem quer dizer ao considerar as dificuldades de relacionamento como autocriadas. A mudança ocorre quando a criança ou o jovem trabalha suas crenças irracionais pelo diálogo com um terapeuta. As crenças são identificadas, discutidas e contestadas, e testadas empirica, lógica e pragmaticamente.

Terapia cognitiva

A terapia cognitiva se desenvolveu a partir do trabalho de Aaron Beck (Beck et al., 1979) e relaciona-se aos processos cognitivos de perceber, pensar e raciocinar e seus efeitos sobre o comportamento e as emoções. A pessoa constrói suas próprias crenças e experiências e pode-se ter uma amostra das crenças por métodos como o auto-relato. Conceitos importantes são pensamentos automáticos, esquemas cognitivos e distorções e déficits cognitivos.

Os pensamentos automáticos, diferentemente dos pensamentos voluntários, parecem surgir espontaneamente, são difíceis de controlar e podem causar sofrimento. Os esquemas cognitivos, formados por experiências iniciais de aprendizagem, são processos cognitivos profundos, que determinam a visão de mundo da pessoa e seus relacionamentos com os outros. Uma vez ativados, os esquemas cognitivos são mantidos e reforçados por distorções cognitivas (como a supergeneralização), que enviesam a seleção de informações para confirmar os esquemas existentes. Déficits cognitivos, por exemplo, na memória ou percepção (como ser incapaz de reconhecer suficientemente as conseqüências das próprias ações), também ajudam a manter os esquemas. Como resultado desses processos, o pensamento e o raciocínio se tornam inflexíveis, e os julgamentos, absolutos (tipificados pela linguagem ou percepções do tipo "preciso" e "devo").

As dificuldades de relacionamento pessoal, social e emocional surgem como um exagero de respostas normais. A intervenção envolve o terapeuta incentivar a criança ou o jovem a reavaliar crenças de modo lógico e empírico. Isso inclui procurar explicações diferentes para os acontecimentos, maneiras diferentes de agir e responder e maneiras diferentes de se comportar. Por sua vez, isso depende do envolvimento ativo e da motivação da criança ou do jovem.

Abordagens de solução de problemas

Nesta perspectiva, considera-se que as crianças com dificuldades de relacionamento não possuem, ou possuem apenas em um grau muito limitado, as habilidades de solução de problemas necessárias para um funcionamento social eficaz. As abordagens de solução de problemas apresentam elementos cognitivos e comportamentais e utilizam programas estruturados para ajudar essas crianças a lidar com seus problemas.

Por exemplo, o treinamento de habilidades de solução de problemas (D'Zurilla, 1986) envolve estar ciente do problema, definir e formular o problema, propor soluções alternativas, decidir a abordagem e testar a solução. Os participantes são treinados para identificar problemas, evitar seus impulsos iniciais, pensar em várias alternativas, considerar as possíveis conseqüências, planejar suas soluções e avaliá-las.

De maneira mais geral, nas interações com crianças, os professores e auxiliares de apoio da aprendizagem podem utilizar diálogos de solução de problemas para ajudar os alunos a analisar situações e lidar melhor com elas. Por exemplo, Glenys Fox, escrevendo para auxiliares que trabalham em escolas, sugere estratégias e perguntas para ajudar na solução de problemas (Fox, 2001, p. 69-70):
- conversar com o aluno sobre compartilhar o problema;
- procurar momentos em que o problema não está lá;
- considerar se mudanças naquilo que parece levar ao problema poderiam ser úteis;
- examinar se e como o aluno conseguiu lidar bem com problemas semelhantes no passado.

Teoria da atribuição e treinamento da reatribuição

A importância das atribuições dos alunos e a sensibilidade dos outros a mudanças nessas atribuições já foram mencionadas. Teoria da atribuição é um termo amplo para várias abordagens, muitas com um ponto de vista cognitivo, que procuram analisar como as pessoas utilizam informações para explicar por que elas e os outros se comportam como se comportam. Referimo-nos a isso como atribuições causais. Entre os vieses no processo de atribuição estão o "efeito do observador-ator", o "viés hostil de atribuição" e o "efeito de falso consenso". No efeito do observador-ator, as pessoas atribuem seu próprio comportamento às circunstâncias, e o comportamento dos outros, à disposição deles. No viés hostil de atribuição, as pessoas tendem a interpretar comportamentos ambíguos como uma indicação de atitudes ou intenções hostis. No efeito de falso consenso, as pessoas vêem seu próprio comportamento como normal e acreditam que os outros se comportariam da mesma maneira em uma situação similar. Conseqüentemente, a pessoa acredita que os outros deveriam se comportar da mesma forma que ela. As pessoas variam na maneira de fazer atribuições, o que tem a ver com o lócus de controle e o estilo atributivo. Quem tem um lócus de controle interno acredita ter controle sobre eventos reforçadores. Quem tem um lócus de controle externo acredita que os eventos reforçadores estão fora de seu controle, dependem de sorte ou são controlados pelos outros. O estilo atributivo é determinado pela tendência da pessoa a fazer certos tipos de atribuição em vez de outros.

Da perspectiva da teoria da atribuição, as dificuldades comportamentais, emocionais e sociais são decorrentes da tendência da pessoa a fazer atribuições improdutivas ou negativas sobre os próprios sentimentos e comportamentos e os alheios. Por exemplo, uma criança com um viés hostil de atribuição pode interpretar um comportamento ambíguo do professor como uma atitude ou intenção hostil. Então, o comportamento dessa criança, em resposta, poderá ser confrontacional. No efeito de falso consenso, o aluno pode ver seu próprio comportamento inaceitável como normal, acreditando que os outros se comportariam de maneira semelhante em uma situação semelhante, e que deveriam mesmo se comportar como ele. Por esse motivo, as tentativas de modificar o comportamento do aluno serão árduas.

Uma abordagem considerada adequada nessas circunstâncias é o treinamento da reatribuição. É uma tentativa de treinar a criança ou o jovem para fazer atribuições causais mais positivas e atribuições mais precisas sobre os próprios comportamentos e os alheios.

Treinamento do manejo da raiva

A raiva, que pode surgir quando a criança se sente ameaçada, contrariada ou maltratada, que é expressa verbal e fisicamente e, às vezes, acompanhada por explosões agressivas, pode ser vista como uma maneira de expressar aquilo que está deixando a criança zangada. De um ponto de vista cognitivo, a raiva é compreendida em relação a fatores como as expectativas da criança, como ela interpreta os eventos e como reage a eles.

A avaliação cognitiva é importante. Uma pessoa, situação ou acontecimento podem ser percebidos como hostis quando a maioria das pessoas os perceberia como neutros ou ambíguos. Tais distorções de avaliação podem desencadear uma raiva inadequada. Uma avaliação inicial pode utilizar uma análise ABC cognitiva, em que, o leitor deve lembrar, "A" representa o "evento ativador", "B" representa as "crenças" da criança e "C", as "conseqüências". Mais especificamente, o "evento ativador" é a percepção da criança dos eventos que levam à raiva e as inferências que faz sobre esses eventos. As "crenças" da criança serão as convicções, racionais ou irracionais, relativas aos eventos ou pessoas que ativaram a raiva. As "conseqüências", tanto emocionais quanto comportamentais, são aquilo que resulta das crenças racionais e irracionais sobre as pessoas e situações.

Tal análise ABC, executada em uma conversa com o aluno, pode levar a criança a começar a reconhecer as pessoas e os eventos que desencadeiam raiva e o que ele percebe em relação a eles. Suas percepções e sentimentos passam a ser o foco das intervenções e do desenvolvimento de habilidades de manejo da raiva. Essas habilidades incluem:

- auto-reflexão: "Por que eu sinto raiva nessas situações ou em relação a essa pessoa?"; "A raiva está ajudando ou piorando a situação?";
- solução de problemas: "De que maneiras diferentes eu poderia lidar com uma situação em que normalmente sinto raiva?";
- considerar perspectivas alternativas: "Existem outras maneiras legítimas de ver essa situação ou pessoa?"; "Alguma dessas maneiras estaria mais de acordo com o que poderia realmente estar acontecendo?"; "Quais seriam as conseqüências se eu conseguisse ver essa situação de uma maneira diferente?".

A partir dessas considerações, o professor ou outro adulto podem trabalhar com o aluno para desenvolver auto-instruções, que devem ser ensaiadas e aprendidas para serem aplicadas quando ele se deparar com a situação ou pessoa que provoca raiva. Ele precisa criar um diálogo interno para permanecer calmo, ouvir cuidadosamente o que está sendo dito, refletir sobre o que está sendo dito, procurar explicações alternativas, considerar várias respostas, avaliar as respostas e responder de acordo com isso. Para que esse processo tão complexo se torne automático e parte da vida cotidiana, uma criança que não está acostumada a refletir e a responder dessa maneira precisa de prática e apoio para aplicar as habilidades. A prática começa com as discussões que levam a roteiros adequados. O aluno ensaia esses roteiros verbalmente e na ação, por meio de psicodrama. Depois desse desempenho de papéis, ele será incentivado a falar sobre a auto-instrução utilizada. Quando houver evidências de que o aluno está tentando utilizar a abordagem em situações do cotidiano, isso deve ser elogiado e encorajado. (Ver também Blum, 2001.)

PONTOS PARA PENSAR

O leitor pode considerar:
- se a perspectiva cognitiva fornece uma explicação crível e uma possível resposta para os alunos identificados como tendo dificuldades de relacionamento pessoal, social e emocional em uma determinada escola;
- se as intervenções seriam mais eficazes se fossem realizadas (após treinamento) pela equipe que conhece bem os alunos ou por uma psicóloga educacional/clínica de fora da escola.

TEXTOS-CHAVE

Antidote. *The emotional literacy handbook.* Londres: David Fulton Publishers, 2003.
Esse livro une elementos de várias perspectivas e os defende como abordagens à escola como um todo, para incentivar o pensamento individual e coletivo sobre como as emoções determinam nossas ações e como o entendimento emocional pode ser usado para enriquecer o nosso pensamento.

Dobson, K. S. (ed.). *Handbook of cognitive-behavioural therapies* (2. ed.). Londres: Guilford Press, 2003. Publicado pela Artmed Editora sob o título: *Manual de terapias cognitivo-comportamental.*
A Parte 1 do livro trata de questões conceituais, enquanto a Parte 2 descreve várias terapias, incluindo Terapias de solução de problemas (Capítulo 7), Terapia comportamental racional emotiva (Capítulo 9) e Terapia cognitiva (Capítulo 10). Também há um capítulo sobre Terapia cognitivo-comportamental com jovens (Capítulo 7), que menciona várias abordagens, incluindo treinamento do relaxamento, educação afetiva e reestruturação cognitiva.

Capítulo 4

Abordagem comportamental

Introdução

Este capítulo explica os fundamentos das abordagens comportamentais e esclarece como essa abordagens consideram as causas das dificuldades de relacionamento pessoal, social e emocional. É explicado como as dificuldades de relacionamento são identificadas e avaliadas com referência a uma série de comportamentos. O capítulo examina alguns aspectos básicos das intervenções comportamentais: o contexto das intervenções; reforço, incluindo o reforço diferencial de outros comportamentos; generalização; supercorreção; intervalo; desvanecimento; imitação; dessensibilização; modelagem (recorrendo à teoria da aprendizagem social). São examinados alguns veículos de intervenção comportamental: contratos, economia de fichas, treinamento de habilidades sociais e um programa que utiliza uma abordagem de antecedente, comportamento (*behaviour*), conseqüência (ABC) para modificar comportamentos desafiadores.

Fundamentos

Muitas abordagens comportamentais derivam da teoria da aprendizagem (Skinner, 1968) e de explicações cognitivas mediadoras de mudança comportamental (1974; Bandura, 1969). A modificação de comportamento tem sido usada com alunos com diferentes NEE, incluindo crianças com dificuldades de aprendizagem graves e alunos com dificuldades de relacionamento. Ela é empregada como um aspecto do ensino de técnicas, por exemplo, no ensino de precisão, em que são

---

* N. de R.T. Formas de instrução direta que podem ser verbais ou não-verbais (demonstração).

usadas técnicas como encadeamento, modelagem, desvanecimento e *prompting** (Farrell, 2003, p. 128-129). A terapia comportamental tem sido descrita como "a aplicação da técnica, métodos, princípios e pressupostos da moderna teoria e ciência do comportamento a problemas humanos" (Hayes et al., 1994, p. 132).

As abordagens comportamentais enfatizam o que é observável, em vez do que se supõe (talvez erroneamente), sobre os pensamentos, motivações e atitudes dos alunos, embora isso não seja ignorado nas abordagens comportamentais modernas. O aluno com dificuldades comportamentais emocionais e sociais é visto como tendo aprendido certos padrões de comportamento que, normalmente, são inaceitáveis ou considerados não-sadios. Ele pode ter modelado seu comportamento a partir de pais/cuidadores, outros adultos ou irmãos cujos comportamentos eram violentos, imprevisíveis, excessivamente solitários ou, de alguma outra maneira, disfuncionais.

Os pais ou outras pessoas podem ter, involuntariamente, reforçado comportamentos inaceitáveis, por exemplo, cedendo repetidamente a ataques de raiva. Dessa e de outras maneiras, o aluno aprende o comportamento inadequado. Disso decorre que o comportamento pode ser desaprendido ou substituído por um comportamento mais aceitável para os outros. É isso que as várias intervenções comportamentais procuram fazer.

Na realidade e na prática, os comportamentos (incluindo os verbais) habitualmente não são vistos dessa maneira isolada, e aceita-se que existem pensamentos, suposições e outros fatores, livremente chamados de "internos", que influenciam o comportamento. E também, na medida do praticável, o aluno deve participar de discussões sobre o seu comportamento, sobre as metas de mudança comportamental e avaliação de abordagens para incentivar comportamentos aceitáveis e desencorajar comportamentos indesejados.

Causas das dificuldades de relacionamento pessoal, social e emocional

A abordagem comportamental vê as dificuldades de relacionamento como criadas mais ou menos da mesma maneira como outros comportamentos. A criança pode observar e copiar comportamentos inaceitáveis, como a violência. Ela pode ser "recompensada" por comportamentos inaceitáveis como ataques de raiva ao obter a atenção dos pais e outros, que passam a agir como "reforçadores". Nesta abordagem, as supostas causas do comportamento indesejado fornecem os fundamentos de mudança ao propor diferentes formas de encorajar e desencorajar vários comportamentos.

Identificação e avaliação relacionadas a comportamentos indesejados

A identificação e a avaliação das dificuldades de relacionamento pessoal, social e emocional relacionam-se a um leque de comportamentos infantis, que nem sempre são obviamente inaceitáveis em relação aos outros, como comportamentos agressivos injustificados ou destruição de propriedade alheia. Eles também incluem comportamentos retraídos ou temerosos, que não atingem explicitamente os outros, mas limitam as oportunidades da criança de participar da educação e da vida escolar.

Como o objetivo final é modificar o comportamento do aluno, é necessário observar detalhadamente o comportamento que nos propomos a modificar. O observador precisa especificar claramente a conduta a ser observada, por exemplo, fazer ruídos inadequados na aula, em termos puramente comportamentais. Às vezes, a descrição do comportamento será melhorada conforme as observações são realizadas, de modo que serão necessárias mais observações a partir das definições melhoradas. Por exemplo, ao observar o aluno que faz ruídos inadequados na aula, pode-se decidir que o foco da intervenção serão apenas aqueles ruídos altos o suficiente para perturbar os outros.

Depois que o comportamento for descrito especificamente, o professor, psicólogo ou outra pessoa que estiver fazendo a observação registrará sua freqüência. O observador pode anotar, por exemplo, o número de vezes que o comportamento ocorre em um período especificado, digamos de 20 minutos, e isso será a linha basal ou ponto de partida para intervenções subseqüentes.

Outra abordagem é examinar a duração do comportamento em vez de sua freqüência. Isso é útil quando o comportamento é descontínuo (com fronteiras claras e habitualmente breve) e não muito freqüente. Usando um cronômetro, o observador cronometra cada ocorrência do comportamento. Isso permite comparar amostras de duração desigual, calculando-se a porcentagem do tempo gasto no comportamento.

Embora isso não nos dê uma medida do comportamento tão exata quanto outros métodos, a amostragem instantânea de tempo é útil se o comportamento é bastante freqüente ou contínuo. É decidido um intervalo de tempo de, digamos, 10 segundos, e a criança é observada no final de cada intervalo, sendo anotado se o comportamento especificado está ocorrendo. Isso permite que o professor calcule o número de vezes em que a criança apresenta o comportamento especificado como uma porcentagem do número total de intervalos de tempo observados.

A amostragem de eventos é usada para comportamentos que não ocorrem com muita freqüência. Ela permite que o professor ou outros observadores se concentrem nos antecedentes e nas conseqüências do comportamento. São registradas características do ambiente da criança quando o comportamento ocorre. Por exemplo, se dizer palavrões é o comportamento a ser modificado, podemos descobrir que ele ocorre quando outras crianças ou alguma criança específica estão por perto (possíveis antecedentes). O observador pode descobrir que a atenção de um professor ansioso ou a aprovação de alguns alunos (possíveis conseqüências) seguem-se ao comportamento indesejado.

Essas observações ajudam a melhorar e a desenvolver o entendimento do professor em relação ao comportamento em questão. O professor considera os fatores que parecem estar influenciando o comportamento. O comportamento da criança pode ser observado em diferentes ambientes e podem ser estabelecidas comparações. A partir disso tudo, o professor formulará uma hipótese sobre o comportamento. Por exemplo, se ele acredita que uma criança se põe a gritar para evitar fazer uma tarefa, então é esperado que em uma sessão de brincadeiras livres, em que ela pode escolher atividades, o comportamento diminua. Essa hipótese seria testada e/ou confirmada ou refutada.

Alguns aspectos básicos da intervenção comportamental

O contexto das intervenções

O contexto em que a intervenção comportamental será realizada é importante. Por exemplo, a escola e a sala de aula devem compartilhar regras de comportamento muito claras. Elas devem ser tão poucas quanto possível e devem ser expressas, preferentemente, em termos do que os alunos devem fazer – em vez do que não devem. Se as regras forem discutidas, negociadas e combinadas com os alunos, é mais provável que sejam compreendidas e respeitadas. Para aqueles alunos que têm dificuldades em momentos não-estruturados, como os recreios da manhã e da tarde e a hora do almoço, a oportunidade de atividades estruturadas será útil. Contra este pano de fundo, é mais provável que façam sentido o incentivo dos comportamentos aceitáveis e o desencorajamento dos inaceitáveis, o que constitui a base da abordagem comportamental.

Reforço e programas e esquemas de reforço

Reforço é um conceito-chave na modificação de comportamento, embora freqüentemente seja malcompreendido; em especial, o reforço negativo muitas vezes é incorretamente entendido como castigo. Reforço tem a ver com as conseqüências do comportamento, que afetam sua freqüência. Os reforços podem ser primários (por exemplo, comida) ou secundários (por exemplo, elogios, "fichas" que podem ser trocados por recompensas). Para que o reforço seja mais eficaz, ele deve ser imediato, consistente e exclusivamente associado ao comportamento desejável (ou indesejável).

É feita uma distinção entre reforço positivo e negativo. O reforço positivo, como a recompensa, tende a aumentar a freqüência do comportamento ao qual é aplicado. Isso pode ser entendido ao contrário: podemos dizer que aquilo que tende a aumentar a freqüência de um comportamento específico está agindo como uma recompensa. Portanto, ninguém precisa ter uma idéia determinada do que a pessoa achará recompensador, e sim que a recompensa pode ser definida segundo o seu efeito.

O reforço negativo envolve a remoção de um estímulo desagradável (por exemplo, repetidos lembretes de uma lição de casa esquecida) quando ocorre um comportamento desejado. O objetivo é o aprendiz modificar seu comportamento para evitar o estímulo desagradável. Isso se relaciona ao condicionamento da evitação, em que a evitação ativa envolve a pessoa dar uma resposta para evitar um estímulo aversivo, enquanto a evitação passiva envolve a pessoa desistir de uma ação para evitar um estímulo aversivo. O "aspecto negativo" deste processo se refere não ao estímulo desagradável, mas à sua negação quando o comportamento apropriado é realizado ou o comportamento inadequado cessa.

A punição envolve ligar um estímulo desagradável (por exemplo, detenção) ao comportamento inaceitável ou à remoção de uma atividade, objeto ou privilégio que dão prazer (custo da resposta). A punição tem o efeito de reduzir ou eliminar o comportamento ao qual está ligada. Novamente, não precisamos saber o que agirá como castigo: isso pode ser definido como algo que tende a reduzir o comportamento indesejável. Um exemplo do uso de castigo é a adaptação da supercorreção. Quando ocorre um comportamento indesejável, como destruição de propriedade ou ataque físico, um comportamento desejável é realizado repetidamente como castigo. Tal abordagem deve ser cuidadosamente planejada e monitorada. Uma das desvantagens do castigo (Ayers e Prytys, 2002, p. 171) é que ele pode simplesmente suprimir o comportamento indesejado; nem sempre fica claro para a criança qual seria o comportamento apropriado. Ele sugere que o comportamento agressivo é aceitável e pode criar desagrado e evitação.

A extinção envolve eliminar os reforços de um comportamento inaceitável. Por exemplo, os ataques de raiva podem ser reforçados pela atenção do adulto. Portanto, negar a atenção adulta, garantindo ao mesmo tempo a segurança da criança, tende a reduzir a incidência dos ataques. Na prática, com alunos que apresentam dificuldades comportamentais, emocionais e sociais, o uso de reforços normalmente envolve reforçar comportamentos aceitáveis ou desejados (reforço positivo) e tentar não reforçar comportamentos indesejados (extinção).

Um programa para reduzir o índice de comportamentos indesejáveis tende a ser mais eficaz quando outros comportamentos aceitáveis forem reforçados positivamente. O reforço diferencial de comportamentos *alternativos* envolve recompensar o aprendiz, por assim dizer, por não exibir o comportamento indesejado. O reforço diferencial de comportamentos *incompatíveis* refere-se a recompensar comportamentos que são incompatíveis com o indesejado. Por exemplo, se o comportamento indesejado é atirar coisas pela sala de aula, então, claramente, reforçar a participação tranquila em uma tarefa tende a aumentar a probabilidade de comportamentos que são incompatíveis com aquele que não se deseja. A aplicação informal deste princípio às vezes é chamada de "apanhar o aluno se comportando bem".

Os esquemas de reforço se referem ao número ou tipo de respostas que serão recompensadas. Reforça-se positivamente de acordo com um esquema. No reforço contínuo, cada ocorrência de um determinado comportamento é reforçada, uma estratégia adequada quando o comportamento desejado está apenas surgindo, mas menos bem sucedida a longo prazo. O reforço intermitente envolve recompensar a criança somente por alguns dos comportamentos desejados. Isso tende a evitar que a criança fique saturada de recompensas, torna mais manejável a administração de recompensas e tende a assegurar que o comportamento desejado continue por mais tempo depois que o reforço cessar.

Generalização

A generalização acontece quando um comportamento que foi aprendido em uma situação ocorre espontaneamente em outra. Por exemplo, uma criança pode ter aprendido a ficar sentada em seu lugar por um período de tempo específico quando isso é necessário como parte da aula. Considera-se que há generalização se a criança que anteriormente saía de seu lugar em momentos inadequados agora permanece sentada em outra sala de aula.

Supercorreção

Um exemplo de supercorreção como forma de castigo foi mencionado anteriormente. Outros tipos incluem a supercorreção restitucional, em que a criança remove ou conserta algum dano causado, e a supercorreção prática positiva, em que o aprendiz pratica tipos de comportamento apropriados. Qualquer tipo de supercorreção deve ser cuidadosamente planejado e monitorado.

Intervalo

Como foi mencionado, o uso de reforços habitualmente envolve reforçar comportamentos aceitáveis ou desejados e tentar não reforçar comportamentos que não desejamos. O intervalo pode ser usado para evitar que a criança receba reforço positivo por comportamentos indesejados. Por exemplo, o professor pode hipotetizar que a atenção dos iguais está reforçando positivamente o comportamento indesejado de um aluno. Se esta hipótese estiver correta, remover temporariamente esse reforço assim que o comportamento indesejado acontecer provavelmente reduzirá o comportamento. O período de remoção do grupo normalmente não passa de dois ou três minutos, e o aprendiz pode reunir-se ao grupo depois de apresentar, ainda que brevemente, o comportamento desejado. Se o período de tempo for mais longo do que alguns poucos minutos, o aluno provavelmente esquecerá por que está na área do intervalo e, assim, perde-se o vínculo de aprendizagem, que é o comportamento inadequado *não* leva à recompensa. O intervalo tende a funcionar melhor se o aluno for avisado sobre o que irá acontecer, se o comportamento que levar ao intervalo for salientado e se for explicado o propósito do intervalo.

Desvanecimento

Na técnica de desvanecimento, um novo estímulo ou encorajamento é apresentado junto a um estímulo existente, para o qual já existe uma resposta aprendida. O estímulo "antigo" então se enfraquece (se desvanece), e o novo estímulo passa a controlar a resposta aprendida. Uma criança pode ter aprendido a guardar seu material (resposta aprendida) quando lembrada pelo professor (estímulo). Chamaremos o lembrete do professor de estímulo "antigo". Se ele e o aluno desejarem que ele se lembre de guardar o material sem que o professor tenha de lembrá-lo, o aluno pode ser encorajado a responder a novo estímulo – por exemplo, observar outros alunos que guardam seu material na hora certa. (Neste caso, de fato, o estímulo potencial terá estado presente antes, mas não terá agido como estímulo para o aluno.) Ele substituirá o lembrete do professor como estímulo para guardar o material na hora certa. O novo estímulo (os outros alunos guardando o material) é apresentado/notado junto ao estímulo existente (lembrete do professor), para o qual já existe uma resposta aprendida (guardar o material). O estímulo antigo (lembrete do professor) então se desvanece, e o novo estímulo (outros alunos guardando suas coisas) passa a controlar a resposta aprendida.

Imitação

A imitação é um veículo para aprendermos novos comportamentos. Mais informalmente, é claro, a imitação está operando grande parte do tempo, conforme a criança vê como os outros se comportam e copia isso. Ela pode ser usada explicitamente no desempenho de papéis, quando um adulto demonstra um comportamento desejado, tal como expressar uma preferência apropriadamente (por exemplo, sem dizer palavrão). As tentativas de imitação do aluno podem ser encorajadas por reforço positivo explícito.

Dessensibilização

A dessensibilização pode ser usada na terapia comportamental para manejar medos, como a fobia escolar. O objeto ou situação que evoca medo é apresentado em fases manejáveis, podendo ser introduzidos primeiro uma foto ou maquete da escola. Para ajudar a criança a controlar o medo, são utilizadas abordagens como associar o objeto ou situação temida a uma experiência agradável, como uma música suave. O objeto ou situação reais temidos são introduzidos gradualmente. É claro, no caso de uma fobia escolar, a escola também terá de trabalhar para garantir que quaisquer eventos que tenham provocado ou mantido o medo, como a intimidação dos colegas (*bullying*), sejam igualmente manejados.

A dessensibilização sistemática, uma forma de terapia comportamental criada por Joseph Wolpe, envolve a pessoa imaginar situações crescentemente ansiogênicas e, ao mesmo tempo, empenhar-se em comportamentos que reduzem a ansiedade (por exemplo, relaxamento). A criança, então, organiza as situações que causam ansiedade em uma hierarquia. Finalmente, ela imagina as situações enquanto se empenha nos comportamentos que diminuem a ansiedade. Para crianças mais velhas, a abordagem pode ser muito útil para lidar com ansiedades e fobias.

Modelagem

A modelagem é uma intervenção associada à teoria da aprendizagem social, uma teoria que tem elementos comportamentais e cognitivos. Associada ao trabalho de Bandura (1977) e Mischel (1968), a abordagem enfatiza a noção de que as pessoas não só são afetadas pelo seu ambiente como também o influenciam. A cognição é importante conforme as pessoas processam ativamente as informações que recebem do ambiente. O comportamento de uma pessoa pode ser variável, e o efeito do seu entorno é levado em conta. Um aspecto importante é a capacidade percebida pela pessoa de controlar seu comportamento e o que acontece como resultado deste. Essa auto-eficácia tem influência sobre o comportamento, os sentimentos e as motivações da pessoa. Comportamentos e situações diferentes são levados em conta nos julgamentos sobre a auto-eficácia de alguém. Outras características centrais são a "aprendizagem observacional" e a "auto-regulação". A aprendizagem observacional refere-se ao comportamento que aprendemos ao observar os outros se comportando. A auto-regulação – controlar o próprio comportamento – envolve recompensar e punir a si mesmo em relação a padrões auto-impostos. Veremos que o comportamento tem importância no modelo de aprendizagem social porque é o comportamento dos outros que influencia a maneira como a criança se comporta, pois ela tende a copiar comportamentos observados em pessoas que são importantes para ela. E o objetivo é modificar o comportamento da criança oferecendo modelos alternativos e incentivando-a a copiar esses comportamentos observados.

Contra o pano de fundo da teoria da aprendizagem social, a modelagem se vale da aprendizagem observacional do comportamento. Isso envolve atenção, retenção, reprodução e motivação. Se as crianças (e os adultos, no que diz respeito a este assunto) aprendem ao observar o comportamento dos outros, isso pode ser estruturado quando os seus comportamentos forem inaceitáveis, orientando-se os comportamentos que a criança observa e copia. Em sessões especiais, umo professor ou auxiliar de apoio da aprendizagem pode demonstrar (modelar) comportamentos desejados. O aluno seria incentivado a observar cuidadosamente o comportamento (atenção), lembrá-lo na forma de palavras ou símbolos (retenção) e copiá-lo (reprodução). O adulto orienta e encoraja esse processo porque, para prestar atenção, lembrar e copiar, a criança precisa estar motivada. Assim como comportamentos podem ser aprendidos por modelagem, respostas emocionais também podem.

Veículos de intervenção comportamental

Enquanto as técnicas relacionadas a reforço, generalização, supercorreção, intervalo, desvanecimento, imitação, dessensibilização e modelagem são usadas para modificar comportamentos, algumas abordagens utilizam essas e outras técnicas de maneira mais ampla. Esses veículos incluem contratos, economia de vales, treinamento e programas de habilidades sociais e adotam uma abordagem de "antecedente, comportamento, conseqüência" para modificar comportamentos desafiadores.

Contratos

Contratos estabelecidos entre o aluno (e os pais) e a escola podem ser uma maneira eficaz de formalizar um arranjo comportamental. O contrato especifica o comportamento esperado do aluno e as recompensas que receberá por ele. Esclarece os comportamentos que o aluno não deve apresentar e as sanções que serão impostas caso esses comportamentos ocorram.

Uma parte importante de qualquer contrato é a discussão e negociação que antecedem o seu estabelecimento. A redação do contrato, a cuidadosa leitura de suas condições e posterior concordância, talvez por assinaturas, têm o objetivo de esclarecer as exigências em relação ao comportamento do aluno. Se houver necessidade de mudanças no contrato, essas mudanças devem ser negociadas e combinadas por todas as partes envolvidas (Spiegler e Guivrement, 1998).

Economia de fichas

A economia de fichas é uma forma de modificação de comportamento utilizada em algumas escolas regulares de apoio à aprendizagem e em algumas escolas especiais para alunos com dificuldades de relacionamento pessoal, social e emocional. É mais difícil implementá-la em uma escola regular, porque, para funcionar bem, ela requer um nível de consistência e previsibilidade difícil de manter.

As fichas são, na verdade, reforços secundários, que os alunos trocam por diferentes recompensas. Podem ser pontos registrados ou pontos acompanhados por fichas dadas ao aluno. Os alunos devem saber que elas só serão válidas se o professor também registrar os pontos, o que desestimula o intercâmbio ilícito de fichas.

Isso permite que as fichas sejam entregues imediatamente depois que o comportamento ocorrer, o que aumenta a probabilidade de que a apresentação de ficha reforce o comportamento. Também permite um menu de recompensas variado, capaz de motivar os alunos e capturar sua atenção. O menu de recompensas geralmente é montado após consulta aos alunos e pode variar entre petiscos alimentares, passeios, brinquedos ou itens de valor, como CDs.

Um método de punição chamado custo da resposta, às vezes, é usado nos sistemas de economia de fichas. Consiste em deduzir fichas quando ocorrer um determinado comportamento indesejável. Tal abordagem deve ser cuidadosamente planejada e monitorada.

As economias de fichas despertam a imaginação dos alunos mais jovens. Por exemplo, na Chelfham Mill School, em Devon, uma escola especial para meninos com dificuldades comportamentais e sociais, são escolhidos em conversas com os alunos temas para a economia de fichas, a serem utilizados por alguns meses. O tema pode ser corrida de carros, e os pontos são representados pelo progresso dos carros, cada um simbolizando a posição de uma criança específica na corrida. Tudo isso é apresentado visualmente, tanto na sala de aula quanto no ambiente residencial. Os pontos valem privilégios, como acontece nesse sistema, mas a representação visual é o que estimula a imaginação e motivação dos alunos.

Treinamento de habilidades sociais

As habilidades sociais no contexto que está sendo discutido são consideradas aqueles padrões de comportamento que tendem a indicar reconhecimento dos outros e respeito por eles, e as habilidades associadas a interações pessoais e sociais aceitáveis. Na extensão em que um aluno com dificuldades de relacionamento não possui essas habilidades ou as possui em um grau muito limitado, sua capacidade de manter e desenvolver contatos pessoais e sociais positivos com uma grande variedade de pessoas fica prejudicada.

Um precursor importante do treinamento de habilidades sociais, portanto, é a identificação das habilidades que parecem estar faltando ou são rudimentares, considerando-se a idade do aluno. Para ajudar a assegurar a motivação do aluno e sua plena cooperação em qualquer intervenção subseqüente, essa avaliação precisa ser realizada com sensibilidade e com a participação da criança. Um nível de proficiência em habilidades sociais auto-relatado pelo aluno pode ser um bom ponto de partida. Se ele se avaliar com precisão como desprovido em alguns aspectos de habilidades sociais, o professor não terá de começar sugerindo isso e persuadindo o aluno de sua deficiência. O professor pode incentivar o aluno a incluir no auto-relato aspectos de habilidades sociais e pessoais que estão, comparativamente, desenvolvidas, para que a avaliação não seja exclusivamente negativa. Essas habilidades positivas poderão ser exploradas para ajudar no desenvolvimento das que ainda são rudimentares.

Uma entrevista com o aluno também pode produzir informações semelhantes às fornecidas por um auto-relato ou pode suplementá-las. Um formato mais estruturado pode incluir o uso de uma lista de verificação ou escala de avaliação preenchida pelo aluno, e talvez uma versão preenchida pelo professor ou outros com base na observação do comportamento do aluno em diferentes ambientes. Essas avaliações podem ser comparadas para esclarecer os tipos de habilidades a serem desenvolvidos.

Depois dessas avaliações, o próximo aspecto do procedimento é o professor e o aluno chegarem a um acordo sobre as habilidades sociais ausentes ou subdesenvolvidas e ao entendimento comum de que seria benéfico que o aluno as aprendesse ou desenvolvesse. Isso leva à determinação do repertório de habilidades sociais a ser ensinado. Conforme salientam Ayers e Prytys (2002), para que um aluno seja capaz de pôr em ação uma habilidade social, ele deve "ser capaz de saber como e quando desempenhar a habilidade, ser competente nela e estar motivado a esse desempenho" (p. 198).

A motivação inicial pode ser estimulada pela identificação e avaliação sensível dos déficits, conforme mencionado acima. Mas a motivação subseqüente se desenvolverá conforme e quando o aluno perceber efeitos positivos nas interações pessoais e sociais ou quando sentir desejo de aplicar as habilidades. Saber como desempenhar uma habilidade e tornar-se competente nela pode começar com o treinamento, mas é claro que a aplicação em situações de vida real também é necessária. A aplicação também faz parte do conhecimento de quando usar as habilidades.

Entre as habilidades ensinadas estão:
- habilidades conversacionais (escuta ativa, revezamento, contato visual e outros aspectos da comunicação não-verbal);
- maneiras apropriadas de expressar verbalmente as emoções;
- criticar de uma maneira que evite que a pessoa sendo criticada se sinta humilhada;
- receber críticas e responder apropriadamente;
- saber negociar.

Entre as formas de treinar habilidades sociais estão o reforço, a "modelagem" e a demonstração. Outras abordagens incluem instrução, ensaio/prática, desempenho de papéis e *feedback*. Considere o exemplo de tentar desenvolver as habilidades sociais de receber críticas (justas) e responder de maneira adequada à crítica e ao contexto.

Tendo identificado e avaliado essa, em cooperação com o aluno, como uma área que precisa ser trabalhada, o professor pode começar a conversar com ele, dando instruções e combinando maneiras adequadas de responder. Isso poderia incluir escutar, refletir, responder às críticas, desculpar-se se elas forem justificadas e assim por diante. O aluno poderia então observar o professor e seus iguais demonstrarem algumas das respostas adequadas ou assistir a um vídeo com o mesmo efeito. Depois, o aluno praticaria as habilidades, talvez em uma dramatização, e discutiria com o professor quão eficazes elas foram e como poderiam ser melhoradas. Quando o aluno atingir algum nível das habilidades, pode ser feito um registro em vídeo de seu desempenho para que ele o assista, tanto para ver os progressos como para sugerir melhorias que poderiam ser buscadas.

Programas que utilizam uma abordagem "ABC" para comportamentos desafiadores

A abordagem de antecedente, comportamento, conseqüências (abordagem "ABC") pode ser bem-sucedida com alunos que apresentam comportamentos desafiadores, por meio de uma adaptação dos princípios básicos da modificação de comportamento. Os comportamentos desafiadores podem ser analisados de acordo com seus antecedentes, o comportamento em si e suas conseqüências. Os antecedentes e as conseqüências podem estar mantendo o comportamento desafiador.

Se for planejado um programa para substituir o comportamento indesejado pelo desejado, o novo comportamento também deve ter conseqüências reforçadoras semelhantes.

Por exemplo, a criança pode ver um alimento (antecedente), provocar disrupção (comportamento) e receber o alimento (conseqüência). Novos comportamentos comunicativos podem ser ensinados para substituir o comportamento indesejado: pode-se ensinar a criança a usar um sinal não-verbal em vez de disrupção para transmitir a sua intenção.

Outros programas podem ensinar comportamentos funcionalmente relacionados para substituir os indesejados. Por exemplo, em um ambiente que sente como excessivamente estimulante (antecedente) uma criança pode gritar (comportamento) para ser retirada (conseqüência). Ela pode ser ensinada a ouvir uma música suave em fones de ouvido para suprimir a excessiva estimulação ambiental em vez de se pôr a gritar.

O programa pode envolver a modificação dos eventos que levam ao comportamento inadequado. O comportamento pode indicar um desejo de escapar de uma situação, talvez por esta envolver uma aprendizagem que o aluno considera difícil demais (antecedente). Se as tarefas forem simplificadas e for introduzida uma aprendizagem com menos erros (o antecedente removido), é menos provável que o comportamento inadequado se mantenha.

PONTOS PARA PENSAR

O leitor pode considerar:
- o grau em que as perspectivas comportamentais explicam satisfatoriamente algumas das dificuldades de relacionamento pessoal, social e emocional que procuram tratar;
- a extensão em que o ambiente (serviço pedagógico especializado ou escola, por exemplo) fornece intervenções comportamentais variadas;
- como é monitorada a efetividade de tais intervenções, de modo que as abordagens possam ser refinadas e melhoradas.

TEXTO-CHAVE

Tilstone, C.; Layton, L. *Child development and teaching pupils with special educational needs.* Londres: Routledge, 2004
Nesse livro, o Capítulo 4, "Skinner e os teóricos da aprendizagem", apresenta o trabalho de Thorndyke, Pavlov e Watson, Skinner e a teoria da aprendizagem social de Bandura. O Capítulo 7, também intitulado "Skinner e os teóricos da aprendizagem", trata de aplicações educacionais, como encorajamento, ajustamento, modelagem e encadeamento.

Capítulo 5

Abordagem psicodinâmica e abordagens relacionadas

Introdução

Neste capítulo, é apresentado um resumo de uma abordagem psicodinâmica às dificuldades de relacionamento pessoal, social e emocional. O capítulo examina fatores causais e a identificação e avaliação das dificuldades de relacionamento na abordagem psicodinâmica. São descritas várias intervenções. Primeiro, o capítulo examina terapias que são principalmente psicodinâmicas ou utilizam aspectos da abordagem: ludoterapia, musicoterapia, arteterapia, psicodrama e terapia pelo movimento. É esclarecida a contribuição dos grupos nutridores, derivados do trabalho do psicanalista John Bowlby.

Depois, passo da consideração de abordagens predominantemente psicodinâmicas para um exame de abordagens mais ecléticas, com elementos que também estão evidentes nas perspectivas psicodinâmicas, principalmente com foco na comunicação e expressão de sentimentos. É examinado o papel do aconselhamento nas escolas, não de um ponto de vista especificamente psicodinâmico, mas de um ponto de vista mais eclético. Isso inclui o aconselhamento de especialistas, o uso de habilidades de aconselhamento no trabalho cotidiano do professor e aconselhamento pelos iguais. O capítulo examina a seguir maneiras de encorajar a comunicação, a expressão das emoções e experiências catárticas por meio do currículo.

Abordagens psicodinâmicas

As abordagens psicodinâmicas originaram-se, em muitos aspectos, da psicanálise freudiana (veja um breve resumo da psicanálise em Freud, 2003 [1940]) e com freqüência ainda incluem aspectos que são, reconhecidamente, freudianos. O termo

psicodinâmico foi descrito como se referindo a "conflito ou conflitos emocionais que se desenrolam na mente ou mundo interno, inconsciente" (Ayers e Prytys, 2002, p. 168). Essas abordagens incluem:
- a noção de pulsões inconscientes, das quais o indivíduo não está ciente, e o seu possível impacto no ajustamento pessoal;
- a liberação catártica de emoções e conflitos emocionais;
- o desenvolvimento de conflitos internos e sua possível resolução;
- o reconhecimento da importância da comunicação e do relacionamento entre o indivíduo e o terapeuta.

Fatores causais

Na perspectiva psicodinâmica, os fatores causais das dificuldades comportamentais, emocionais e sociais podem ter relação com pulsões inconscientes e conflito emocional. Considera-se que as experiências iniciais da infância têm uma poderosa influência sobre o desenvolvimento emocional posterior.

Identificação e avaliação

A identificação dos alunos com dificuldades de relacionamento, segundo uma abordagem psicodinâmica, envolve o reconhecimento de comportamentos e sentimentos que são incompatíveis com um desenvolvimento pessoal estável e satisfatório. Um especialista consideraria que essas manifestações são explicáveis em termos da teoria psicodinâmica. A interpretação de processos inconscientes indicados por resistências, sonhos, mecanismos de defesa e outros fatores pode contribuir para a avaliação. Um método importante de avaliação é a entrevista clínica.

Intervenções

Terapias

Intervenções que se valem de uma perspectiva psicodrama incluem a ludoterapia (terapia pelo brincar), musicoterapia, psicodrama (terapia pela dramatização) e terapia pelo movimento. Todas elas, em diferentes graus e de diferentes maneiras, utilizam abordagens psicodinâmicas. Endereços de associações e detalhes sobre elas podem ser encontrados no final do livro:
- The Association of Play Therapists;
- The Association of Professional Music Therapists;
- The British Association of Art Therapists;
- The British Association of Drama Therapists;
- The Association for Dance Movement Therapy UK.

Ludoterapia

The Association of Play Therapists fornece um resumo da ludoterapia:

A ludoterapia é o processo dinâmico entre a criança e o ludoterapeuta, em que a criança explora, em seu próprio ritmo e com sua própria agenda, aquelas questões passadas e atuais, conscientes e inconscientes, que estão afetando sua vida no presente. Os recursos internos da criança são recrutados e desenvolvidos pela aliança terapêutica para promover crescimento e mudança. A terapia pelo brincar é centrada na criança, sendo o brincar o meio primário, e a fala, o secundário. A ludoterapia inclui muitas abordagens, mas os fundamentos de todas elas se centram na criança (Association of Play Therapists, Code of Ethics, janeiro de 1996).

A ludoterapia pode acontecer na casa da criança, na escola ou em uma clínica, e o terapeuta incentiva a criança a brincar livremente com materiais que facilitam a expressão e auxiliam a imaginação. Os materiais incluem marionetes, bonecos, objetos em miniatura e tintas. A criança expressa sentimentos e fantasias pelo brincar, e o terapeuta consegue perceber as suas preocupações em certos temas que podem surgir.

As abordagens podem ser diretivas ou não-diretivas. Nas abordagens diretivas, o terapeuta estrutura a situação lúdica e invade o inconsciente da criança de maneira intencional. Isso tem o objetivo de ajudá-la a lidar melhor com seus sentimentos atuais, e não de explorar experiências passadas difíceis. As abordagens não-diretivas partem do pressuposto subjacente de que, em algum nível, a criança é capaz de resolver seus próprios problemas. É empregada a escuta reflexiva, em que o terapeuta devolve à criança os sentimentos que estão sendo expressos no brincar. O livro *Counselling Children* (Geldard e Geldard, 1997) descreve várias abordagens de ludoterapia.

Musicoterapia

Na musicoterapia, o terapeuta capacita o cliente a interagir e desenvolver *insight* em relação aos seus comportamentos e dificuldades emocionais por meio da música. As sessões podem acontecer em um centro-dia ou privado, uma escola especial ou um hospital, e podem ser realizadas por um musicoterapeuta contratado por serviços sociais, educacionais ou de saúde. O desenvolvimento da relação entre o cliente e o musicoterapeuta é um aspecto vital da terapia pela música, e a execução de música é a base da comunicação neste relacionamento. As sessões podem ser individuais ou em grupo. O terapeuta e o(s) cliente(s) tocam músicas, cantam e escutam.

O objetivo é ajudar o cliente a fazer mudanças positivas no comportamento e bem-estar emocional, aumentar a autoconsciência e a auto-estima e melhorar a qualidade de vida da pessoa. Os sentimentos podem ser expressos e liberados de modo não-verbal e isto é especialmente importante para crianças que apresentam dificuldades na comunicação verbal. A maioria dos estudantes de musicoterapia é aceita em um curso de pós-graduação depois de obter diploma de graduação em uma faculdade de música ou outro curso universitário (ver também Bunt e Hoskyns, 2002).

Arteterapia

A arteterapia envolve o uso de materiais que permitem ao cliente expressar-se e refletir sobre o que é produzido, na presença de um arteterapeuta. O objetivo é possibilitar o crescimento pessoal.

Como parte da comunicação entre terapeuta e cliente envolve artefatos, a arteterapia pode ser especialmente útil para crianças e jovens que têm dificuldade em expressar verbalmente seus sentimentos e pensamentos.

Muitos arteterapeutas possuem conhecimento da teoria psicodinâmica, o que lhes permite trabalhar com os materiais conscientes e inconscientes que surgem nas sessões terapêuticas. A arteterapia é realizada em um ambiente seguro, como um centro, uma escola ou hospital, e emprega materiais variados, como tinta e argila. O terapeuta encoraja o cliente a responder ao que está sendo criado. Sentimentos suprimidos podem ser expressos e reconhecidos.

Os arteterapeutas habitualmente possuem diploma em arte e *design* (mas, ocasionalmente, algum outro) e depois fazem um curso de pós-graduação de dois anos (em turno integral) ou três anos (turnos parciais). O Serviço Nacional de Saúde, os serviços educacionais e sociais e as instituições de caridade empregam arteterapeutas, ou eles podem trabalhar independentemente. Para maiores informações, ver Case e Daley (1992) e Edwards (2004).

Psicodrama

A terapia pela dramatização incentiva o cliente a experienciar sua natureza física, a examinar novamente suas atitudes, valores e sentimentos, e a tentar maneiras diferentes de agir e se comportar. A dramatização é utilizada como um processo terapêutico para encorajar e desenvolver a criatividade, o *insight* e o crescimento pessoal.

O psicodramatista trabalha em escolas, em serviços para pessoas com dificuldades de aprendizagem e na prática privada. Para se qualificar como psicodramatista, depois de obter um diploma ou outra qualificação profissional relevante, o aluno faz um curso de treinamento de pós-graduação. O psicodrama contribui de maneira importante para aumentar a auto-estima da criança e ajudá-la a compreender e lidar com suas emoções (McFarlane, 2005).

O psicodrama pode ser realizado individualmente ou em grupo. Professores e conselheiros, no contexto de um trabalho terapêutico supervisionado por um terapeuta, podem usar algumas das técnicas da terapia pela dramatização. O desempenho de papéis permite à criança expressar sentimentos intensos e aprender com a externalização da experiência. A criança pode desempenhar papéis sendo ela mesma, assumindo o papel de outras pessoas em sua vida ou de personagens simbólicos.

Terapia pelo movimento

Entre os benefícios da terapia pelo movimento está a oportunidade de expressar sentimentos e experienciar uma libertação catártica de emoções. A confiança e a auto-estima aumentam conforme as habilidades físicas da criança melhoram. A dança criativa é uma forma de terapia pelo movimento (ver também Jones, 2004).

*Grupos ambientais**

O psicanalista John Bowlby criou a teoria do apego, relacionando-o à sobrevivência biológica da espécie, que garante a segurança do bebê em um ambiente amoroso (Bowlby, 1965, 1969, 1973, 1980). Sinais do bebê, como o sorriso, são considerados inatos e ajudam a garantir que os outros respondam às suas necessidades. Na chamada fase de pré-apego, do nascimento até cerca de 6 semanas, o bebê não parece se importar com a presença de um adulto não-familiar, desde que suas necessidades sejam atendidas. Entretanto, por volta da sexta semana até os 6 meses, na fase do apego em formação, o bebê manifesta um comportamento diferente diante de adultos desconhecidos e demonstra prazer na companhia do principal cuidador, habitualmente a mãe.

A fase do apego vai dos 6 meses aos 2 anos, aproximadamente, período em que a criança manifesta ansiedade de separação se o adulto conhecido se afasta. Parece que a criança é capaz de perceber que o adulto continua existindo mesmo estando fora de sua vista. A criança busca ativamente a companhia do principal cuidador. Isso leva à fase de formação de um relacionamento recíproco, a partir dos 18 meses, aproximadamente. A formação desse relacionamento recíproco é importante tanto para a comunicação interpessoal quanto para um desenvolvimento emocional estável.

Diferentes formas de apego são identificadas. O apego inseguro pode assumir duas formas, a evitação ansiosa e a ambivalência ansiosa. Na evitação ansiosa, os cuidadores evitam confortar a criança, o que a leva a evitar os outros. Nos relacionamentos ambivalentes ansiosos, os cuidadores são inconsistentes no fornecimento de conforto, levando a criança a se agarrar aos outros, mas ser suscetível à raiva. No apego dependente, a criança manifesta dependência e falta de senso de identidade pessoal. No apego desorganizado, estão evidentes comportamentos de resistência e evitação, e a criança fica insegura quanto a se aproximar dos cuidadores ou a evitá-los. A natureza do apego influencia o desenvolvimento de relacionamentos adultos com os outros. As crianças que experienciam apegos inseguros apresentam maior probabilidade de dificuldades emocionais (Holmes, 1993).

Os grupos ambientais baseiam-se na teoria do apego de John Bowlby. O relacionamento entre a criança e o adulto é importante para que ela desenvolva um senso de *self*. O desenvolvimento social é encorajado focando-se os aspectos das interações entre a criança e o cuidador. Um grupo ambiental é uma forma de intervenção precoce para crianças cujas necessidades emocionais, sociais e comportamentais não podem ser atendidas em uma sala de aula convencional, e a intenção é que retornem à sala de aula convencional assim que for possível. Considera-se que

---

* N. de T.: Em psicologia, *nuture* é traduzido como ambiente, em oposição a *nature* (inato).

essas crianças não tiveram as experiências iniciais de aprendizagem que lhes permitiriam funcionar de modo apropriado à idade, tanto social como emocionalmente. Os grupos ambientais, portanto, enfatizam o crescimento emocional e oferecem experiências variadas em um ambiente que fornece segurança, fronteiras claras, rotinas previsíveis e oportunidades repetidas, planejadas de aprendizagem (Boxall, 2002). Um grupo ambiental pode consistir em um professor e um auxiliar de apoio da aprendizagem, que "modelam" comportamentos positivos e habilidades sociais em uma estrutura adequada ao nível desenvolvimental da criança. Pode haver de 10 a 12 crianças no grupo. Este processo permite que a criança desenvolva apego ao adulto, receba aprovação e vivencie resultados positivos.

Aconselhamento

Estrutura geral

Lembramos que as abordagens psicodinâmicas se concentram "no conflito ou conflitos emocionais que se desenrolam na mente ou mundo interno, inconsciente" (Ayers e Prytyrs, 2002, p. 168). Essas abordagens incluem o reconhecimento da importância da comunicação e do relacionamento entre indivíduo e terapeuta. Em muitas abordagens ao aconselhamento existe uma ênfase semelhante.

O aconselhamento foi definido como (Nelson-Jones, 2005, p. 330, Glossário):

> Um relacionamento em que conselheiros ou outros profissionais ajudam os clientes a ter uma compreensão melhor de si mesmos e seus problemas. Se for apropriado, eles utilizam diversas intervenções que possibilitam ao cliente sentir, pensar, comunicar-se e agir de modo mais eficaz. Na prática, as abordagens de aconselhamento diferem segundo a orientação teórica.

No contexto escolar, considera-se que o aconselhamento "envolve ajudar os alunos, individualmente ou em pequenos grupos, a lidar com preocupações ou dificuldades que estão enfrentando" (Hornby et al., 2003, p. 4). Igualmente, Hornby e colaboradores sugerem, recorrendo a outros autores, diferentes níveis de aconselhamento nas escolas. O nível 1 utiliza habilidades de aconselhamento na sala de aula para fornecer "um ambiente positivo de aprendizagem" e aumentar a auto-estima do aluno. O nível 2 refere-se ao uso de habilidades de aconselhamento pelo tutoramento, para ajudar o aluno "a resolver problemas do dia-a-dia" e para facilitar atividades grupais em um programa de educação pessoal, social, de saúde e cidadania. No nível 3, o indivíduo ou pequeno grupo é aconselhado por um "especialista treinado de dentro da escola", que pode ser um conselheiro escolar, um conselheiro orientador ou um membro da equipe com um papel de liderança pastoral. O nível 4 envolve procedimentos de encaminhamento para "ajudar o aluno a acessar profissionais fora da escola", como um psicólogo ou psiquiatra que oferecerá ajuda especializada (p. 4).

Aconselhamento por especialistas

Esta seção refere-se particularmente ao que foi descrito como níveis 3 e 4 da estrutura anterior, isto é, aconselhamento por um especialista treinado de dentro da escola ou um profissional de fora da escola. Em termos de provisão para NEE isso geralmente se relaciona a intervenções, a estimulação precoce e/ou o acompanhamento escolar específico considerados adequados para alunos com registro de NEE.

Hornby e colaboradores (Hornby et al., 2003, p. 17-21) sugerem um possível modelo de aconselhamento na escola, que pode incluir intervenções especializadas e envolve três estágios. Não é um modelo exclusivamente psicodinâmico, mas é descrito como "um modelo de aconselhamento desenvolvimental, baseado em princípios humanistas, segundo uma estrutura psicossocial" (p. 17). Os três estágios são exploração, intervenção e capacitação.

A exploração envolve estabelecer um relacionamento terapêutico (comunicando ao aluno empatia, sinceridade e respeito), explorar preocupações e avaliar a situação. A intervenção pode envolver abordagens como ludoterapia, solução de problemas e outras técnicas. A capacitação refere-se a apoiar programas de ação planejados, talvez utilizando elogios ou ensinando o aluno a ser mais assertivo; consolidar mudanças, por exemplo, lembrando o aluno do progresso que ele já fez; e possibilitar a auto-realização, talvez pelo ensino de habilidades de vida (p. 19).

Habilidades de aconselhamento na comunicação do cotidiano

A seção anterior mencionou diferentes níveis de aconselhamento em escolas e se concentrou nos níveis 3 e 4 (Hornby et al., 2003, p. 4). Esta seção trata especialmente do que pode ser descrito como nível 1 e 2 da estrutura anterior. Lembremos que o nível 1 é o uso de habilidades de aconselhamento na sala de aula para fornecer "um ambiente positivo de aprendizagem" e aumentar a auto-estima do aluno. O nível 2 refere-se ao uso de habilidades de aconselhamento pelo tutoramento, para ajudar o aluno "a resolver problemas do dia-a-dia" e facilitar atividades em grupo dentro de um programa de educação pessoal, social, de saúde e cidadania.

As habilidades de escuta são essenciais e incluem o uso apropriado de contato visual, a adoção de uma postura corporal "aberta" e relaxada (Hornby et al., p. 25-6). Habilidades de aconselhamento podem ser utilizadas pelo professor ou auxiliar de apoio da aprendizagem no contato cotidiano com alunos que apresentam dificuldades comportamentais, emocionais e sociais (McNamara e Moreton, 2001, p. 32-34). A paráfrase e a escuta reflexiva envolvem refletir de volta (devolver) o que a criança ou jovem falou e, freqüentemente, leva-a a elaborar e dar mais informações sobre suas preocupações ou sobre como percebe uma situação. O seguinte intercâmbio poderia ocorrer em uma sessão de aconselhamento ou, mais informalmente, junto à mesa do aluno:

Aluno: "Matemática é uma porcaria!"
Professora: "Quer dizer que você não gosta mais de matemática?"

Aluno: "É uma porcaria. Eu não consigo nem mesmo fazer as contas que costumava fazer um ano atrás."
Professora: "Então você está achando a matéria difícil neste momento?"

Embora esta abordagem tenha sido parodiada ("Bom dia", "Então você acha que é um bom dia, não é?"), se utilizada com habilidade, ela é uma maneira poderosa de encorajar a comunicação e obter detalhes de um problema. Uma técnica relacionada, que pode ser empregada em sessões de aconselhamento e na comunicação do dia-a-dia, é tentar confirmar um sentimento não-verbalizado ("O que você está dizendo é que está apavorado porque é difícil ficar aqui fora, no pátio de recreio?")

Colocar em palavras os próprios sentimentos é útil quando a alternativa seria criticar o comportamento do aluno, e também em outras situações. Para um aluno acostumado a ser criticado, essa pode ser uma mensagem convincente. É claro, a expressão de sentimentos precisa ser genuína. ("Eu fico triste quando ouço você dizer que não se importa com ter machucado a Jennie. Eu sei que você gosta dela e fico me perguntando se aconteceu alguma coisa sobre a qual você gostaria de falar.")

Utilizar novos padrões de linguagem (o que às vezes é referido como "roteiros"), como afirmações não-acusatórias, auxilia a comunicação. Com relação a isso, existe um roteiro de três partes (Gordan, 1974):
- uma descrição do comportamento do aluno;
- uma declaração sobre o comportamento do professor;
- uma declaração sobre as conseqüências do comportamento do aluno para o professor.

Aconselhamento pelos pares

No aconselhamento pelos pares, alunos treinados e supervisionados executam "tarefas de auxílio interpessoal" (Hornby et al., 2003, p. 71) com clientes de idade semelhante, que podem procurá-los espontaneamente ou ser encaminhados por outros. Essas tarefas de auxílio incluem "escutar, oferecer apoio, sugerir alternativas" (p. 71).

Um exemplo de política antiintimidação pelos pares (anti*bullying*) foi desenvolvido em uma escola de Stafford, na Inglaterra (Cartright, 1996, p. 97-105) e recrutou o auxílio de alunos. Foram selecionados conselheiros-alunos por qualidades como maturidade pessoal e social e comprometimento com o programa. Membros da equipe escolar com experiência em aconselhamento treinaram esses alunos no uso de habilidades de escuta, identificação de problemas e encaminhamento.

Incentivando a comunicação e expressão de emoções por meio do currículo

Comunicação e currículo

Algumas matérias do currículo incentivam a comunicação e a expressão pessoal. Embora a oportunidade de comunicar preocupações ou expressar sentimentos seja claramente importante para todos os alunos, ela pode ser particularmente benéfica para os alunos com dificuldades de relacionamento pessoal, social e emocional. As matérias que incentivam a expressão de sentimentos e a comunicação geralmente são aspectos do inglês (no Brasil, português) como discussões e debates, teatro, atividades lúdicas, educação física, arte e música. Escolas que atendem crianças com dificuldades de relacionamento podem revisar o currículo para garantir que os potenciais benefícios dessas matérias sejam obtidos, verificando se elas recebem horas suficientes no currículo e se os conteúdos incentivam a comunicação e a expressão de sentimentos.

Tomemos o exemplo da arteterapia para fazer uma distinção entre comunicação e intervenção terapêutica. As diferenças entre arteterapia e educação artística são muitas, embora haja áreas de sobreposição, que se podem chamar de "centradas no cliente". Mas a terapia pela arte tem objetivos pessoais, uma agenda terapêutica, não envolve instrução e inclui o monitoramento de mudanças artísticas/estéticas. A educação artística tem objetivos artísticos e estéticos, uma agenda artística, envolve instrução e busca a melhoria da qualidade artística. Os arteterapeutas e professores de arte têm formação, qualificação e registros profissionais diferentes. Embora os arteterapeutas possam trabalhar em colaboração com os professores, é importante que os professores de arte não tentem substituir os terapeutas. É aconselhável que os programas coordenados por professores antecipem e se preparem para "revelações inesperadas", tenham acesso à orientação de especialistas e conheçam os procedimentos de encaminhamento apropriados.

Experiências catárticas e currículo

Em sua teorização inicial, Sigmund Freud empregou o adjetivo "catártico" em referência aos métodos terapêuticos que desenvolveu entre 1880 e 1895, quando utilizou técnicas relacionadas a mesmerismo, um precursor do hipnotismo (Freud e Breuer, 1987 [1893-5]). A recuperação de memórias traumáticas reprimidas permitia ao paciente "abreagir" aos "afetos" associados à memória, em uma intensa descarga catártica emocional. O colega de Freud, Joseph Breuer, tratando "Anna O." com hipnose, descobriu que se sua paciente pudesse lembrar o primeiro momento em que um determinado sintoma histérico surgiu e vivenciasse novamente a emoção concomitante, o sintoma desapareceria. Breuer chamou de "catarse" essa forma de tratamento. A hipnose permitia ao paciente lembrar as origens esquecidas dos sintomas específicos. As reminiscências não eram fáceis de acessar pela lembrança consciente e provocavam sofrimento ou vergonha. Isso sugeria um mecanismo mental que empurrava para fora do consciente as memórias desagradáveis (repressão). Freud sugeriu que a emoção rejeitada, que havia sido reprimida por não poder tornar-se consciente e ser liberada, originava os sintomas neuróticos.

Embora Freud parasse de empregar esses recursos, os métodos catárticos ainda são usados em algumas abordagens psicoterapêuticas, incluindo o psicodrama, em que o desempenho de papéis pode ser usado para tentar provocar uma liberação de conflitos emocionais internos.

Certas matérias e áreas do currículo são catárticas em um sentido menos técnico, pois incentivam uma liberação de emoções considerada profundamente benéfica. Essas matérias incluem teatro, atividades lúdicas, educação física, arte e música. O sentimento de liberar uma energia "aprisionada" é típico dos efeitos positivos de alguns aspectos dessas matérias. As escolas que atendem crianças com dificuldades de relacionamento devem revisar o currículo para garantir que os benefícios potenciais dessas matérias sejam obtidos, reservando para elas horas suficientes no currículo e incluindo conteúdos capazes de incentivar a liberação emocional. Os esportes merecem um cuidado especial, pois há diferenças de opinião nessa área: a participação nessas atividades leva a uma liberação catártica de emoções que provavelmente reduzirá a agressão ou será que essas atividades, na verdade, exacerbam as tendências violentas?

> **PONTOS PARA PENSAR**
>
> O leitor pode considerar:
> - o potencial para o uso (ou um melhor uso) de terapeutas especializados para alunos com dificuldades de relacionamento pessoal;
> - o potencial dos grupos ambientais como uma estratégia precoce de intervenção nas escolas;
> - a extensão em que a provisão escolar pode contribuir para experiências comunicativas e catárticas, capazes de ter um efeito positivo sobre o comportamento e bem-estar de alunos com dificuldades de relacionamento;
> - o grau em que as habilidades de aconselhamento podem ser desenvolvidas como parte do trabalho diário dos professores, e como o efeito disso poderia ser monitorado.

TEXTOS-CHAVE

Hornby, G.; Hall, C.; Hall, E. *Counselling pupils in schools: skills and strategies for teachers.* Londres: RoutledgeFalmer, 2003.
Esse livro abrange uma ampla variedade de habilidades e estratégias relacionadas a aconselhamento e orientação no contexto escolar. O termo aconselhamento é empregado de forma ampla (conforme indicado nos quatro níveis sugeridos neste capítulo), variando de habilidades de aconselhamento em situações do dia-a-dia ao encaminhamento de alunos para um aconselhamento especializado.

Jones, P. *The arts therapies: a revolution in healthcare.* Londres: Routledge, 2004.
O livro inclui seções sobre arteterapia, musicoterapia, psicodrama e terapia pela dança. A Parte 5 focaliza o relacionamento cliente-terapeuta.

Capítulo 6

Transtorno de déficit de atenção/hiperatividade (TDAH)

Introdução

Este capítulo define e descreve o TDAH e apresenta abordagens para sua identificação e avaliação. É considerada a prevalência do TDAH e são examinados fatores associados ao transtorno em termos de influências genéticas, fisiológicas, psicológicas e ambientais e sua possível interação. São discutidas intervenções para alunos com TDAH, começando com abordagens gerais também utilizadas para alunos com dificuldades de relacionamento pessoal, social e emocional. A seguir, são examinadas abordagens mais específicas para alunos com TDAH, sob os títulos relacionados: o ambiente de sala de aula e o manejo de sala de aula, comportamento e comunicação, abordagens de ensino e aprendizagem e ensino de habilidades. Também são consideradas medicação e dieta. Por fim, resumidamente, o capítulo apresenta estratégias utilizadas em um determinado serviço pedagógico especializado.

Definindo e descrevendo o TDAH

O termo TDAH surgiu de tentativas iniciais de descrever comportamentos desatentos e excessivamente ativos, e é definido no *Manual Diagnóstico e Estatístico de Transtornos Mentais (DSM-IV-TR)* (APA, 2000, p. 85-93, publicado pela Artmed Editora). Critérios semelhantes, publicados pela Organização Mundial de Saúde (1990) definem o transtorno hipercinético. O TDAH é compreendido em relação à desatenção, à hiperatividade e à impulsividade.

No DSM-IV-TR (APA, 2000, p. 85-93) há nove critérios relativos à desatenção, incluindo "freqüentemente não presta atenção a detalhes ou comete erros por omissão em atividades escolares, de trabalho ou outras" e "com freqüência tem dificuldades para manter a atenção em tarefas ou atividades lúdicas". Há seis critérios referentes à hiperatividade, como "está freqüentemente 'a mil' ou muitas vezes age como se estivesse 'a todo vapor'". Os três critérios referentes à impulsividade incluem "com freqüência tem dificuldade para aguardar sua vez" (p. 92).

Os critérios diagnósticos afirmam que seis ou mais dos nove critérios de desatenção ou seis ou mais dos nove critérios de hiperatividade-impulsividade devem ter persistido pelo período mínimo de seis meses, em grau "mal-adaptativo e inconsistente com o nível de desenvolvimento". Quatro critérios adicionais precisam ser satisfeitos, incluindo "algum comprometimento causado pelos sintomas está presente em dois ou mais contextos..." (como a escola e a casa) e "alguns sintomas de hiperatividade-impulsividade ou de desatenção causadores de comprometimento estavam presentes antes dos 7 anos" (p. 92).

Veremos que é possível uma criança satisfazer os critérios diagnósticos apresentando as indicações em diferentes combinações. Por exemplo, ela pode apresentar seis ou mais dos nove critérios de desatenção ou todos os seis critérios de hiperatividade ou todos os três critérios de impulsividade e três ou mais critérios de hiperatividade. Dependendo disso, a dificuldade é vista como predominantemente desatenção, hiperatividade ou impulsividade com hiperatividade.

Se um comportamento que parece ser TDAH está evidentemente relacionado a problemas externos, é improvável que seja TDAH. O professor ou outro adulto preocupado deve tentar ajudar a criança a remover os fatores que parecem estar precipitando o comportamento ou enfrentá-los e depois reconsiderar a avaliação.

Identificação e avaliação

Critérios como os referidos na seção anterior são usados para identificar e avaliar o TDAH como parte dos procedimentos de avaliação que, idealmente, envolvem reunir informações de diferentes fontes (a criança, a mãe/pai, o professor e outros) sobre como a criança funciona em diferentes circunstâncias e contextos.

Avaliações qualitativas podem incluir entrevistas ou questionários para a criança, membros da família, colegas e professores. Avaliações quantitativas podem envolver informações psicológicas, médicas e educacionais. Podem ser empregados testes padronizados de desempenho cognitivo, testes computadorizados de atenção e vigilância e um exame médico incluindo testes de audição e visão (Cooper e O'Reagan, 2001, p. 19).

Há sobreposição de outros aspectos das dificuldades comportamentais, emocionais e sociais e do TDAH. A seguir, há uma lista de dificuldades, com uma estimativa entre parênteses da porcentagem de crianças daquele grupo que apresentam TDAH (p. 20, adaptado):
- comportamento anti-social ou delinqüente (25%);
- comportamento de oposição e desafio (50-60%);
- transtorno de conduta (45%);
- problemas emocionais (+ de 50%);
- problemas graves de habilidades sociais (+ de 50%).

O Goodman Strengths and Difficulties Questionnaire (Goodman, 1997, 1999) é uma escala de avaliação do comportamento referenciada em normas, com subescalas para problemas emocionais, dificuldades com os pares, hiperatividade, problemas de conduta e comportamento pró-social. Destinado a crianças e adolescentes de 4 a 16 anos, o questionário tem uma versão para pais, professores e alunos de 11 a 16 anos. Ele é usado como um instrumento de triagem para grupos de crianças, mas também como instrumento de avaliação/diagnóstico para alunos com TDAH (Hill e Cameron, 1999). O Goodman SDQ pode ser utilizado para avaliar o progresso ou retrocesso dos alunos ao longo do tempo e para ajudar a avaliar a eficácia das intervenções. Igualmente, quando são feitas comparações entre as percepções dos professores, alunos e pais, o questionário pode aumentar o *insight* sobre o comportamento do aluno na escola e em casa.

Outro exemplo de uma escala relacionada ao TDAH e destinada a avaliar um amplo leque de dificuldades comportamentais é a Connor's Rating Scale (Revised) (Connors, 1996). O intervalo de idade abrangido vai dos 3 aos 17 anos, e há versões para pais, professores e alunos (um formulário de auto-relato para adolescentes). As escalas são administradas individualmente, e a versão mais longa leva aproximadamente 45 minutos para ser concluída; a mais curta, cerca de 15 minutos.

Prevalência

A prevalência em relação às NEE refere-se ao número de crianças com um tipo específico de NEE em uma certa população durante um período específico. A incidência normalmente é expressa como o número de crianças por nascimentos vivos em um dado ano. A prevalência se relaciona à incidência no sentido de que a prevalência é determinada pela incidência de uma condição e sua duração (ver também Farrell, 2003, p. 129-130).

Nos Estados Unidos, foi estimado que de 5 a 7% dos escolares são afetados pelo TDAH. No Reino Unido, a estimativa varia de 1 a 20%, com a estimativa mais usual ficando entre 1 e 7%. Isso pode estar relacionado ao rigor dos critérios diagnósticos, especialmente à localização dos pontos de corte, embora o intervalo muito amplo não inspire nem aos pais, nem aos profissionais a confiança de que existe um claro consenso sobre o que constitui o TDAH. A proporção de crianças consideradas como tendo TDAH entre aquelas identificadas como tendo dificuldade de relacionamento é muito mais alta do que na população de crianças em geral. Por exemplo, em uma escola para alunos com "dificuldades emocionais e comportamentais", 70% foram diagnosticados como apresentando TDAH (Place et al., 2000). A proporção de meninos para meninas é de 8:1 ou 10:1 (Ayers e Prytys, 2002, p. 28). A proporção mais elevada de meninos em relação a meninas se aplica a crianças consideradas apresentando predominantemente comportamento hiperativo, predominantemente impulsivo e ambos.

Possíveis fatores causais

Possíveis fatores causais incluem influências genéticas, fisiológicas e ambientais.

O TDAH é mais comum nos parentes biológicos de crianças com TDAH do que nos parentes biológicos de crianças sem o transtorno. Estudos de gêmeos mostram uma incidência maior do TDAH entre gêmeos idênticos do que entre não-idênticos. Estudos compararam a incidência de TDAH entre crianças e pais biologicamente relacionados com a de crianças adotadas e seus pais. A probabilidade de aparecer TDAH em pais e crianças biologicamente relacionados é maior (Tannock, 1998). Isso sugere que fatores biológicos podem predispor a criança ao TDAH.

Foi sugerido que o TDAH pode estar relacionado à disfunção no sistema de neurotransmissores cerebrais, que é responsável por conectar diferentes partes do cérebro. A pesquisa com imagens cerebrais mostrou anormalidades nos lobos frontais do cérebro, onde estão os sistemas responsáveis por regular a atenção, nos indivíduos com TDAH. Em 20 a 30% dos casos de TDAH, especialmente os graves, esses fatores fisiológicos são causados por doença cerebral, lesão cerebral ou exposição a toxinas, como álcool ou drogas. À medida que drogas estimulantes, como metilfenidato (Ritalina), são eficazes para reduzir a hiperatividade, isso pode indicar que a hiperatividade resulta de uma subexcitação do mesencéfalo, o que causa uma inibição insuficiente dos movimentos e sensações. Considera-se que as drogas estimulantes estimulam o mesencéfalo suficientemente para suprimir a atividade excessiva.

Uma teoria psicológica do TDAH é que existe uma disfunção do mecanismo psicológico de auto-regulação, de modo que a criança com TDAH tem uma dificuldade maior para retardar respostas comportamentais. Outra perspectiva é que características dos indivíduos com TDAH levam a dificuldades nas "funções executivas". Essas funções executivas envolvem os processos de filtragem e verificação mental utilizados pela pessoa para tomar decisões sobre como se comportar. Eles envolvem uma fala interior, que pode, por exemplo, avaliar informações contidas na memória funcional, levar em conta o próprio estado emocional e relembrar um conhecimento de situações semelhantes àquela em que o indivíduo se encontra (Barkley, 1997).

Fatores ambientais, incluindo influências familiares, podem mediar outros fatores, aumentando ou diminuindo a probabilidade de TDAH. Por exemplo, em um estudo, era mais provável que a criança com TDAH tivesse uma mãe com sintomas de ansiedade ou que estivera recentemente bastante deprimida, em comparação com as outras crianças. Quando a criança tinha TDAH e também transtorno de conduta e transtorno desafiador de oposição, o pai tendia a apresentar escores mais elevados em medidas de "neuroticismo" e mais baixos em "cordialidade" do que os pais do grupo de comparação (Nigg e Hinshaw, 1998).

Em um modelo biopsicossocial, pode-se tentar montar um quadro do TDAH considerando os fatores possivelmente implicados. Pode haver diferenças de morfologia cerebral nos indivíduos com TDAH e nos que não apresentam a condição. Essas diferenças cerebrais podem levar a diferenças cognitivas em termos de quão facilmente o indivíduo consegue inibir respostas aos estímulos. Dependendo das circunstâncias específicas da criança e de suas outras habilidades e capacidades, esses fatores cognitivos levarão ou não a dificuldades que podem ser consideradas um TDAH.

Intervenções

Revisando abordagens que funcionam para alunos com dificuldades de relacionamento pessoal, social e emocional em geral

As abordagens que tendem a funcionar para os alunos com dificuldades de relacionamento pessoal, social e emocional podem ser aplicadas a alunos com TDAH. Entre as intervenções úteis estão as associadas a abordagens sistêmicas, especialmente os aspectos que incentivam um trabalho colaborativo casa-escola. As intervenções psicoterapêuticas não são consideradas neste entendimento do TDAH, mas algumas abordagens que têm certa relação com elas, como utilizar um defensor ou tutor, são úteis. Entre as intervenções cognitivas que podem ajudar está a fala interna.

As abordagens comportamentais podem ser eficazes, por exemplo, para reforçar habilidades sociais, conforme indicado a seguir. Programas comportamentais são mais eficazes quando utilizados como complemento de uma provisão educacional adequada, não como o foco principal de intervenção. Quando possível, os programas comportamentais devem enfatizar os comportamentos positivos desejados, em vez dos negativos a ser desencorajados. Entre as intervenções que podem ajudar estão intervalo, economia de fichas, contratos e punição (Cooper e O'Reagan, 2001, p. 53). Igualmente, na medida que aspectos de dificuldades comportamentais, emocionais e sociais, como "transtorno de conduta", acompanham o TDAH, podem-se adaptar, conforme necessário, aquelas abordagens que funcionam com as dificuldades de relacionamento de modo geral.

O ambiente da sala de aula e o manejo da sala de aula

Permitir recreios e pausas durante o trabalho da turma parece ajudar a reduzir a desatenção e deixar espaço para a necessidade de atividade associada à impulsividade. Há evidências de uma relação entre o que parece ser um tempo insuficiente de recreio e um aumento na disruptura e desatenção dos alunos (Pellegrini e Horvat, 1995; Pellegrini et al., 1996). Isso foi interpretado como sugerindo "períodos curtos e freqüentes de atividade física", por exemplo, talvez 10 minutos a cada 40 minutos para crianças de ensino fundamental (Cooper e O'Reagan, 2001, p. 39).

Algumas pesquisas indicam que os alunos com TDAH podem sustentar o esforço e a concentração em situações estruturadas e controladas em que a atividade é estimulante, mas acham particularmente difícil retornar a uma atividade depois que se distraem (por exemplo, Borger e Van der Meer, 2000). Na extensão em que isso pode ser generalizado, diríamos que um ambiente de aprendizagem propício para alunos com TDAH é aquele ambiente estruturado e controlado, em que a tarefa de aprendizagem é estimulante e em que as distrações são minimizadas. Se o professor puder, às vezes, responder aos comentários dos alunos que parecem impulsivos e desconectados com o tema e rumo da aula, isso será benéfico para eles. Se ele puder, com sua resposta, envolver mais o aluno e, simultaneamente, levar a lição na direção desejada, é mais provável que o aluno fique motivado e interessado. Isso, evidentemente, é uma das habilidades do ensino eficaz para todos os alunos.

Como os alunos com TDAH tendem a se distrair facilmente, o professor deve considerar cuidadosamente a disposição da sala de aula e a natureza geral do ambiente. O aluno com TDAH é capaz de se concentrar melhor se estiver sentado longe de janelas, cartazes e outras potenciais distrações. Às vezes, o aluno com TDAH (e outros) pode beneficiar-se ao trabalhar em uma área diante de uma parede com repartições portáteis em cada lado. Essas repartições devem ficar em uma posição na qual o professor consiga enxergar o aluno (de trás) e monitorá-lo para ver ser está realizando a atividade solicitada (Cooper e O'Reagan, 2001, p. 47). Quando a lição envolver alguma discussão, o aluno com TDAH ficará menos distraído trabalhando em pares em vez de em grupos maiores, embora isso não signifique que lhe deva ser negada a oportunidade de desenvolver a habilidade de participar de grupos maiores.

Oferecer rotinas claras que o ajudem a lidar passo a passo com as atividades escolares pode reduzir a dificuldade do aluno em prestar atenção e organizar a informação. Auxílios rotineiros utilizados para todos os alunos podem ser úteis, como horários semanais e diários, uma antecipação do que está planejado para uma aula e revisões do que foi realizado. Para os alunos com TDAH, esquemas complicados de atividades provavelmente exigirão apoio especial. Entre alguns aspectos particularmente desorientadores estariam: "rotações" periódicas de matérias, por exemplo, de diferentes elementos de *design* e tecnologia (materiais resistentes, tecnologia de alimentos, têxteis) ou temas em bloco, como a "semana francesa". Rotinas seguras têm por objetivo ajudar o aluno com preocupações impulsivas e pensamentos e sentimentos de insegurança, para que ele saiba o que esperar. Entretanto, a previsibilidade segura da rotina não deve tornar-se excessivamente rígida. A intenção é que as rotinas, com o tempo, ajudem o aluno a internalizar o controle. Lembretes visuais das tarefas podem ser colocados na mesa do aluno ou sobre uma parede, em uma área dividida em compartimentos. Esses lembretes podem ser uma figura ou uma série de figuras que o auxiliem a lembrar o seqüenciamento da tarefa.

Incentivar o aluno a desenvolver um entendimento e uso positivo da duração do tempo tende a diminuir a desatenção e, talvez, a impulsividade. O professor pode estabelecer tarefas com um claro limite de tempo, que é informado ao aluno, em vez de tarefas de final aberto. Isso o ajuda a estruturar melhor o tempo para conseguir completar o trabalho. Um relógio ou uma ampulheta com areia podem ajudar alguns alunos a reconhecer a passagem de tempo em uma atividade. É importante que o tempo reservado à tarefa seja suficiente e adequado à capacidade do aluno de se concentrar apropriadamente durante aquele período específico.

Comportamento e comunicação

No *biofeedback,* o aluno monitora as manifestações fisiológicas de seu próprio processo psicológico. É utilizado um instrumento que responde às mudanças fisiológicas e emite um sinal, como um tom sonoro. Isso, por sua vez, permite que a pessoa responda às mudanças fisiológicas e tente controlá-las. Por exemplo, no caso da hiperatividade, é monitorado o tônus muscular. O sinal de *biofeedback* é ativado quando a tensão muscular está alta, o que permite que a criança perceba isso e faça exercícios de relaxamento para reduzir a tensão e relaxar. Em termos mais gerais, os alunos podem ser ensinados a monitorar o próprio comportamento e perceber como estão respondendo.

Para ajudar o aluno a manejar o próprio comportamento, o professor pode empregar métodos discretos. O objetivo é incentivar a atenção e a concentração e desencorajar a impulsividade e a atividade excessiva. Por exemplo, o aluno pode estar sentado em uma posição que indica ao professor se ele está ou não prestando atenção. Então, se necessário, o professor pode incentivar a sua atenção por meio de um sinal discreto, previamente combinado, como levantar um cartão colorido ou recompensá-lo de uma forma preestabelecida.

Por meio de discussões e um *feedback* sensível sobre o seu comportamento, o aluno pode ser ajudado a reconhecer vários sentimentos, como frustração, raiva ou desapontamento, e desenvolver um vocabulário para descrevê-los. Pode-se ensinar-lhe maneiras de comunicar esses sentimentos. Por exemplo, ele pode usar sinais previamente combinados, como cartões com cores específicas, para mostrar ao professor que está achando muito difícil uma determinada situação ou tarefa.

Abordagens de ensino e aprendizagem

Na medida em que um aluno com TDAH prefere experiências concretas (a uma conceitualização mais abstrata) e uma aprendizagem ativa, experiencial, experimental (mais que a observação reflexiva) (Wallace e Crawford, 1994), tais experiências e vias de aprendizagem podem ser otimizadas. Isso sugere que um aluno com TDAH provavelmente aprenderá melhor em atividades como teatro, dramatização e atividades práticas, como as de ciências, *design* e tecnologia. Igualmente, matérias que normalmente envolvem conceitualização abstrata e observação reflexiva podem ser inicialmente abordadas por experiências concretas e aprendizagem ativa e apoiadas pela continuação de elementos concretos e experienciais. Isso reconhece o tipo de atividades adequado aos alunos com TDAH e auxilia a atenção e a concentração, devido à forma física e concreta do meio de aprendizagem; ao mesmo tempo, funciona como estímulos e auxílios visuais, auditivos e cinestésicos.

Para todos os alunos, e talvez, particularmente, quando os alunos têm maior dificuldade de atenção e envolvimento, as atividades de aprendizagem devem ser interessantes e estimulantes, ser claramente definidas, com objetivos explícitos de aprendizagem, e, dada uma experiência inicial de sucesso, devem levar a tarefas mais complexas e exigentes.

O professor precisa dar orientações e instruções claras, em doses manejáveis, reforçadas, conforme necessário, por auxílios escritos e pictóricos. Ele deve ter certeza de que o aluno entendeu, questionando-o, por exemplo, ou pedindo que ele coloque em palavras o que está sendo pedido. Esses auxílios e a verificação da compreensão ajudam o aluno a compreender e seguir seqüências de atividades, o que é importante, pois os alunos com TDAH costumam ter dificuldade em seqüências e no seqüenciamento. Isso tudo o ajuda a melhorar sua organização.

Ensino de habilidades sociais e desenvolvimento de habilidades compensatórias

Ensinar e reforçar, por elogios e outros meios, as habilidades sociais que podem estar ausentes ou subdesenvolvidas na criança com TDAH pode ser muito útil. Em relação a isso, foram mencionadas algumas estratégias no capítulo sobre abordagens comportamentais às dificuldades de aprendizagem em geral. As habilidades ensinadas incluem as conversacionais, como *timing* (perceber o momento certo de escutar e falar) e demonstrar interesse pelo que os outros dizem. Métodos usados para desenvolver essas habilidades incluem discussão, dramatização e modelagem, por membros da equipe ou alunos capazes, de comportamentos desejados tanto em contatos do dia-a-dia quanto em momentos estruturados (Hargie et al., 1994). A modelagem de comportamentos adequados por colegas capazes pode ser um excelente auxílio na aprendizagem de habilidades sociais.

O professor pode ajudar o aluno a desenvolver habilidades que ajudarão a compensar dificuldades associadas à impulsividade e atividade excessiva ao salientar e recrutar suas forças. Por exemplo, dar a ele a oportunidade de se sair bem em esportes energéticos, em atividades de teatro que requerem improvisação ou, de modo mais geral, em aprendizagens baseadas em atividades.

Medicação e dieta

Nos Estados Unidos, cerca de 90% dos alunos com TDAH recebem algum tipo de medicação (Greenhill, 1998). No Reino Unido, cerca de 10% das crianças com TDAH são medicadas (Munder e Arcelus, 1999), com menos de 6% recebendo metilfenidato (Ritalina) (National Institute of Clinical Excellence, 2000).

Drogas estimulantes, como Ritalina, podem ser eficazes. Isso sugere que a hiperatividade resulta de uma subexcitação do mesencéfalo, o que provoca uma inibição insuficiente de movimentos e sensações. Parece que as drogas estimulantes estimulam o mesencéfalo o suficiente para suprimir a atividade excessiva. Portanto, ao inibir comportamentos hiperativos, os estimulantes podem melhorar a capacidade da criança de se concentrar. Investigações eletrofisiológicas (utilizando neuroimagens) indicam que, nas crianças que tomam Ritalina, o reconhecimento do estímulo é melhorado em termos de uma atenção melhorada aos estímulos auditivos e visuais (Seifert et al., 2003).

A medicação é usada para tentar melhorar a receptividade da criança e, assim, permitir que aprenda comportamentos e habilidades mais apropriados, como uma melhor auto-regulação. A medicação é usada em combinação com outras abordagens, como as intervenções comportamentais (British Psychological Society, 2000). A escola e a família monitoram os efeitos da medicação, e é amplamente aceita a necessidade de uma avaliação cuidadosa e completa antes do uso de alguma medicação. Igualmente, quando são usadas drogas, seus efeitos precisam ser monitorados cuidadosa e continuamente. Para os pais, decisões sobre o uso de medicação podem ser informadas pela consideração de possíveis efeitos colaterais e por sua convicção de que a medicação provavelmente tornará a criança mais receptiva à aprendizagem (Farrell, 2004, p. 52). A Ritalina é administrada oralmente na forma de comprimidos, normalmente pela manhã e à tarde, e não é usada com crianças de idade inferior a 4 anos. Ela é contra-indicada quando existe um risco elevado de doença cardiovascular ou transtornos de tique, como a síndrome de Tourette. Foram relatados possíveis efeitos colaterais, como insônia e uma perda de apetite temporária.

Voltando à questão da dieta, apesar da crença popular de que a alergia alimentar é uma causa comum de hiperatividade, estudos de pesquisa indicam que ela raramente está envolvida. Entre as intervenções dietéticas está a dieta de Feingold. Ela se baseia em algumas pesquisas que ligaram aditivos alimentares a alergias e na crença de que a hiperatividade pode ser um sintoma de reação alérgica. A dieta procura eliminar a ingestão de salicilatos encontrados em algumas frutas e vegetais frescos, aromatizantes, corantes e alguns conservantes alimentares. Ela parece beneficiar uma pequena proporção de crianças consideradas "hiperativas".

Estratégias sugeridas pelo serviço pedagógico especializado de Hampshire

O Hampshire County Council (1996) apresenta uma lista de estratégias destinadas a alunos com TDAH que abrange alguns dos pontos tratados neste capítulo e nos anteriores e constitui um resumo útil. As estratégias referem-se a desatenção, atividade motora excessiva, má organização e planejamento, impulsividade, desobediência, dificuldades com os pares e baixa auto-estima.

Por exemplo, as estratégias para "desatenção" incluem fornecer um *feedback* comportamental consistente com princípios estabelecidos de modificação de comportamento (freqüente, imediato e consistente) e redirecionar o aluno para a tarefa. Outras táticas são sentar o aluno longe de distrações, fornecer deixas para mantê-lo focado na tarefa, por exemplo, pelo uso de um discreto sinal combinado e, na hora das provas, criar um ambiente com menos distrações do que a sala de aula habitual. Ao apresentar tarefas, o professor deve manter o formato da folha de exercícios e recursos semelhantes simples e evitar figuras irrelevantes ou outras distrações visuais não-relacionadas à tarefa. (O comentário sobre distrações visuais não deve ser entendido como sugerindo um ambiente empobrecido: o objetivo é assegurar que os auxílios visuais sejam claramente relevantes para a tarefa em questão.)

Com referência à "atividade motora excessiva", as estratégias incluem permitir oportunidades para que o aluno se movimente através da sala, planejar antecipadamente as transições (mudanças de matéria ou atividade), estabelecer regras e supervisionar cuidadosamente. Com relação à "má organização e planejamento", o professor pode fornecer uma lista de verificação (facilmente acessível e visível) de passos a serem dados para seguir instruções ou confirmar que a tarefa foi concluída adequadamente. O professor também deve apresentar uma tarefa por vez. Com relação à "impulsividade", as estratégias incluem o ensino de habilidades de mediação verbal, para reduzir o comportamento impulsivo pela modelagem, e a prática do "pare/escute/olhe/pense/responda/faça". E o professor pode aumentar as recompensas e conseqüências imediatas.

Na questão da desobediência, o professor pode dar um *feedback* imediato sobre comportamentos aceitáveis e inaceitáveis. Com relação às dificuldades com os iguais, o professor pode elogiar comportamentos sociais apropriados. Finalmente, quanto à baixa auto-estima, o professor e outros podem focalizar os talentos e realizações do aluno.

Podemos ver que essas estratégias são práticas, relacionam-se ao que se entende como TDAH e às estratégias mais amplas citadas em capítulos anteriores deste livro, especialmente com referência às perspectivas comportamental, cognitiva e sistêmica.

> **PONTOS PARA PENSAR**
>
> O leitor pode considerar:
> - quão válidos e confiáveis são os arranjos de seu ambiente (serviço pedagógico especializado, escola, etc.) para identificar e avaliar o TDAH;
> - a extensão em que as abordagens relacionadas às dificuldades de relacionamento pessoal, social e emocional, em geral são utilizadas e poderiam ser mais utilizadas para alunos com TDAH;
> - a extensão em que a variedade de abordagens cuidadosamente planejadas para alunos com TDAH é utilizada e poderia ser melhorada.

TEXTOS-CHAVE

American Psychiatric Association. *Diagnostic and statistical manual of mental disorders – text revision (DSM-IV-TR)* (4. ed.). Washington DC: APA, 2000. Publicado pela Artmed.
Esse manual estabelece os critérios para uma grande variedade de transtornos mentais, incluindo, conforme indicado neste capítulo, os critérios para TDAH. Outra tipologia é o *International Classification of Functioning, Disability and Health,* publicado pela Organização Mundial de Saúde em Genebra, em 2001.

Cooper, P.; O'Reagan, F.J. *Educating children with AD/HD.* Londres: RoutledgeFalmer, 2001.
A Parte 1 desse livro procura "entender o TDAH". A Parte 2 trata de princípios e práticas de intervenção. A Parte 3 apresenta estudos de caso de alunos com TDAH e outras características consideradas "tipos" de TDAH, por exemplo, "TDAH com desligamento" e "TDAH com obsessões". Dois apêndices apresentam os Critérios diagnósticos do DSM-IV de 1994 para o transtorno do déficit de atenção/hiperatividade e a CID-10, F90 para o transtorno hipercinético.

Capítulo 7

Conclusão

Introdução

Este capítulo primeiro reitera como perspectivas diferentes podem orientar a provisão para os alunos com dificuldades de relacionamento pessoal, social e emocional, examinando especificamente explicações do transtorno de conduta e ansiedade. Depois, são consideradas intervenções adequadas à idade e ao desenvolvimento cognitivo do aluno; os diferentes níveis de apoio às intervenções (serviços educacionais, escola, sala de aula); compatibilidade de intervenções; abordagens que unem a provisão dos serviços pedagógicos especializados e das escolas. Finalmente, são apresentadas justificativas para as intervenções.

Diferentes abordagens centradas em aspectos das dificuldades de relacionamento pessoal, social e emocional

A importância de se examinar diferentes perspectivas em relação às dificuldades de relacionamento pessoal, social e emocional é enfatizada pelo fato de que alguns aspectos das dificuldades de relacionamento podem ser compreendidos e abordados a partir desses diferentes pontos de vista. Por exemplo, as perspectivas e intervenções relacionadas ao transtorno de conduta valem-se de pontos de vista diferentes.

Uma abordagem sistêmica focada na família tende a ver a agressão adolescente como relacionada a uma família desorganizada, com fronteiras vagas e ineficientes e rotinas imprecisas. As comunicações dentro da família podem ser confusas e carentes de empatia, e os problemas tendem a ser "resolvidos" por meio de coerção. Quando consideramos simultaneamente os sistemas escolar e familiar, os transtornos de conduta seriam vistos também em um contexto escolar no qual o aluno provavelmente não está tendo um bom desempenho. A intervenção pode incluir terapia familiar. Uma visão cognitivo-comportamental deve concentrar-se em déficits e distorções cognitivos, como atribuir intenções hostis às pessoas em situações neutras e poucas habilidades de solução de problemas. As intervenções incluiriam o treinamento de habilidades de solução de problemas. De um ponto de vista comportamental, seriam fatores contribuintes os comportamentos anti-sociais "reforçados" pelo contato com grupos de iguais delinqüentes e o comportamento modelado por maus exemplos, como pais punitivos severos e inconsistentes e irmãos ou outros pares muito agressivos. Seria indicado um retreinamento, assim como o treinamento dos pais em manejo comportamental. As explicações psicodinâmicas podem examinar o mau funcionamento do superego e apegos inseguros na infância inicial. Provavelmente, a psicoterapia seria considerada a intervenção apropriada.

Utilizando um outro exemplo mais brevemente, a ansiedade poderia ser vista de uma perspectiva sistêmica como relacionada a fatores familiares, como pais ansiosos, que eliciam ansiedade em membros da família. Crises familiares e a maneira como são manejadas podem provocar ansiedade nas crianças. Da perspectiva cognitiva, fatores como distorções cognitivas ameaçadoras seriam vistos como contribuintes para a ansiedade. As intervenções incluiriam contestar as crenças irracionais referentes a perigos e ameaças. As visões comportamentais focariam o medo condicionado e as respostas de ansiedade, reforçadas por eventos subseqüentes. A intervenção poderia ser uma exposição gradual aos eventos e objetos que trazem ansiedade. As explicações psicodinâmicas poderiam ser referentes aos efeitos da repressão de impulsos sexuais ou agressivos inconscientes, moralmente abomináveis.

Idade e desenvolvimento cognitivo

Algumas intervenções se destinam a alunos de idade específica, como os grupos ambientais, indicados para crianças muito jovens como uma intervenção precoce, e a ludoterapia, que também costuma ser usada com crianças pequenas. Por outro lado, o monitoramento do próprio comportamento, como intervenção para alunos com TDAH, provavelmente será mais efetivo para alunos mais velhos, que já possuem certo entendimento do propósito do automonitoramento. Algumas intervenções pressupõem um nível de desenvolvimento cognitivo típico da idade. Intervenções psicoterapêuticas predominantemente verbais pressupõem que a criança é suficientemente articulada para se comunicar com o terapeuta e responder a uma abordagem principalmente verbal. Outras intervenções psicoterapêuticas não dependem tanto de a criança ter um nível de desenvolvimento cognitivo típico da idade. A ludoterapia e a musicoterapia são exemplos, embora, é claro, também sejam usadas com crianças cujo desenvolvimento cognitivo é típico de sua idade cronológica.

"Níveis" de aplicação das intervenções

As intervenções podem ter aplicação ou relevância específica no nível de serviço pedagógico especializado, escola ou sala de aula. Intervenções como a abordagem sistêmica em um serviço pedagógico especializado dependem claramente da coordenação e concordância no nível do serviço pedagógico especializado. A variedade de intervenções disponível para uma escola geralmente também é facilitada por decisões do serviço pedagógico especializado, por exemplo, uma equipe de apoio comportamental ou psicólogos educacionais com experiência e habilidades em técnicas comportamentais, que podem fornecer apoio e treinamento nessas técnicas. A disponibilidade de intervenções psicoterapêuticas estará relacionada à provisão oferecida pelo serviço de saúde local ou, às vezes, por curadorias ou órgãos beneficentes. As escolas também podem empregar diretamente esses especialistas.

Embora todas as abordagens exijam o apoio da escola, algumas dependem especialmente de um apoio de toda a escola. Uma economia de fichas provavelmente funcionará melhor se for inserida na escola toda ou em uma unidade do que se for tentada, fragmentadamente, em uma única sala de aula.

Algumas intervenções (dado o apoio da escola) podem ser desenvolvidas em maior extensão em salas de aula individuais. Aspectos de abordagens comportamentais, como o reforço positivo de comportamentos desejados, funcionam bem em salas de aula, em que os professores passam a maior parte do tempo com a mesma turma. A hora do círculo, às vezes, é usada em uma ou duas turmas de uma escola, e não nas outras.

Compatibilidade de intervenções

Algumas intervenções são compatíveis com outras, e certas intervenções não o são, ou o são em menor grau. Uma abordagem sistêmica que utiliza uma estrutura de intervenção em um serviço pedagógico especializado seria compatível com a maioria das outras abordagens consideradas. Isso por ser uma abordagem sistêmica e valiosa por si mesma, mas ela também pode ajudar a assegurar que explicações sistêmicas/ambientais e aspectos do que parecem ser dificuldades comportamentais, emocionais e sociais sejam integralmente levados em conta antes de serem consideradas e desenvolvidas outras explicações e abordagens mais "dentro da criança".

Se o problema for o comportamento de auto-agressão ou agressão aos outros, ele pode ser reduzido por métodos comportamentais, por exemplo, sem necessariamente fechar a porta para intervenções psicoterapêuticas que auxiliem a expressão e liberação de emoções e frustrações. Essas abordagens combinadas requerem cuidadoso planejamento e monitoramento, e seus objetivos precisam ser claros, explícitos e aceitos por todas as pessoas envolvidas.

Buscando uma topografia de serviço pedagógico especializado, escola e sala de aula para alunos com dificuldades de relacionamento pessoal, social e emocional

Este livro considerou várias perspectivas em relação às dificudades de relacionamento pessoal, social e emocional e a variedade de intervenções que podem ser usadas no âmbito de serviço pedagógico especializado, de toda a escola e de sala de aula, algumas buscando apoio externo em um psicólogo educacional, por exemplo. A partir disso, convém examinar como vários elementos da provisão podem ser ligados.

Um desses exames (Ali et al., 1997; Daniels e Williams, 2000) foi indicado no Capítulo 2, "Abordagem sistêmica". Pode-se lembrar que isso envolvia um sistema de encaminhamento ligando elementos como prática em sala de aula, o papel do coordenador de comportamento, os planos de comportamento ambiental e individualizado e o apoio externo.

McSherry (2001) descreve uma abordagem mais estrutural. Ela apresenta uma estrutura de intervenção para alunos com "comportamento desafiador" e sua integração. Essa estrutura, o programa Coping in Schools, centra-se em vários aspectos (p. 9-17, parafraseado):

1. *Experiências prévias e seus efeitos*
   Uso de um modelo transacional que enfatiza experiências prévias que afetam as interações atuais.
2. *Interações professor-aluno*
   Envolve mudanças cognitivo-comportamentais para melhorar as intervenções e para modificar a maneira de ver o comportamento e suas conseqüências.
3. *Envolver os pais e trabalhar com eles em estreita colaboração*
4. *Uma abordagem de toda a escola*
   Envolve várias estratégias de apoio, como tutores de aprendizagem; encaminhamento para uma unidade de apoio da aprendizagem dentro da escola; registro duplo de alunos com uma escola regular; uma unidade de encaminhamento de alunos e assim por diante.
5. *Uma abordagem de todo o serviço pedagógico especializado*
   Por exemplo, a utilização de formas comuns de avaliação.

A estrutura envolve uma abordagem que permite a reintegração de alunos de uma escola especial para crianças com dificuldades comportamentais, emocionais e sociais às escolas regularescomuns. O processo abrangia o uso de um formulário de avaliação, a Reintegration Readiness Scale (RRS, Escala de Prontidão para a Reintegração). (Subseqüentemente, ela foi transformada em Coping in Schools Scale, abrangendo os seguintes aspectos: comportamento de autogerenciamento; eu e os outro"; autoconsciência; autoconfiança; auto-organização; atitude; habilidades de aprendizagem; habilidades de letramento.) A RRS dá ao aluno a oportunidade de avaliar a si mesmo. Depois que o aluno foi avaliado como possivelmente estando pronto para ser reintegrado à escola regular, começa a preparação. São estabelecidas metas a partir da avaliação da RRS com base em áreas de dificuldade remanescentes, e o aluno entra em um grupo de reintegração. Esse grupo, que se reúne uma vez por semana, tem por objetivo, entre outros, capacitar o aluno para que ele estabeleça suas próprias metas, avalie seu progresso e se prepare para a escola regular (p. 21). Depois que o aluno se transfere para a escola regular, é estabelecida uma estrutura de apoio; por exemplo, o professor de apoio da escola especial se reúne uma vez por semana com uma pessoa-chave da escola regular para discutir o progresso do aluno e oferecer os conselhos e apoio que forem necessários (p. 23). Os pais são envolvidos em todos os estágios.

Uma estrutura que inclui avaliação (utilizando a Coping in Schools Scale), preparação (incluindo trabalho em grupo) e apoio é usada em vários contextos. Na transferência de escola de ensino fundamental e médio, ela é empregada com alunos que a escola de ensino fundamental identifica como em risco de não serem capazes de enfrentar a transferência para a escola de ensino médio.

Quando alguma escola disponibiliza uma unidade de apoio da aprendizagem para uso de outras escolas locais, uma estrutura de avaliação, preparação e apoio avalia o aluno (utilizando a Coping in Schools Scale) para determinar se ele teria benefícios sendo auxiliado pela unidade de apoio ou ingressando na própria unidade. A estrutura permite a reintegração em algumas matérias com ajuda na unidade de apoio ou total reintegração com ajuda na turma.

O formulário comum de avaliação também é usado como parte de uma avaliação inicial para um programa de apoio pastoral para alunos em risco de exclusão da escola regular, e em relação a colocações duplas de alunos em uma escola regular e uma unidade de encaminhamento de alunos. Igualmente, para os alunos que freqüentam uma unidade de encaminhamento, é feita uma avaliação (a RRS) e um trabalho em grupo (um grupo de reintegração) para ajudá-los a se prepararem para a reintegração na escola. A isso segue-se um apoio pós-transferência (p. 94).

Outra estrutura para facilitar uma boa provisão para alunos com dificuldades comportamentais, emocionais e sociais é o modelo de apoio comportamental desenvolvido em Flintshire (Farrell, 2004, p. 96-99). Ele sugere uma abordagem progressiva para apoiar alunos com dificuldades comportamentais, emocionais e sociais em escolas regulares e o papel das escolas especiais na estrutura.

O modelo considera o Código (DfES, 2001) e inclui certos pré-requisitos na escola regular. Esses pré-requisitos se referem a certas políticas, acordos, planejamentos e circulares. Espera-se que a escola tenha uma política comportamental para a escola toda, uma política anti*bullying*; uma política para drogas e álcool e uma política de proteção à criança. Ela também deve ter acordos formais família-escola. A escola deve ter um planejamento de manejo de sala de aula e plano de comportamento individualizado. E também deve seguir a orientação da Circular 10/9: inclusão social; apoio ao aluno (DfEE, 1999a) referente às leis e boas práticas de comportamento e disciplina, redução do risco de insatisfação do aluno, registro e freqüência escolar, detenção, uso adequado da exclusão e a reintegração de alunos excluídos.

Se forem seguidas as políticas, acordos, planejamentos e a orientação da Circular 10/99, isso deverá ter um impacto positivo sobre a provisão para os alunos. Caso isso não ocorra, outras medidas deverão ser tomadas, como o desenvolvimento e a implementação de um plano de comportamento individualizado. Se isso não tiver o efeito desejado, deve-se considerar a parte do acompanhamento escolar especializado da resposta graduada de NEE.

Durante o acompanhamento escolar, várias agências estão envolvidas e trocam informações para tentar descobrir as causas do comportamento e possíveis soluções. Com esse apoio, interno e externo ao serviço pedagógico especializado, a escola implementa um modelo em estágios baseado na política comportamental. Isso envolve seguir as recomendações do serviço pedagógico especializado referentes a alunos que não respondem. É realizada uma reunião para um planejamento comportamental, com o objetivo de criar um programa de apoio pastoral. (A escola desenvolve um programa de apoio pastoral antes de convocar agências externas.)

Se o programa de apoio da escola não for efetivo, pode haver um encaminhamento para o grupo de planejamento comportamental, um grupo dos serviços pedagógicos especializados. Isso, por sua vez, pode levar a uma das três alternativas seguintes:
- educação baseada na escola;
- apoio educacional baseado nos serviços pedagógicos especializados;
- seleção educacional especial.

A educação baseada na escola pode envolver o uso do programa de apoio pastoral organizado pela escola; reintegração; educação na escola com apoio por um tempo limitado especificado; monitoramento escolar; encaminhamento ao comitê disciplinar.

O apoio dos serviços pedagógicos especializados pode envolver os chamados "alunos engajados" e "alunos não-engajados". O serviço de apoio comportamental, o serviço de assistência educacional e psicólogos educacionais podem fornecer ajuda para os alunos engajados. Para os não-engajados, a provisão pode envolver instrução em casa ou instrução fora da escola.

Com relação à seleção educacional especial, o aluno é encaminhado para uma avaliação estatutária e pode receber um registro de NEE. O apoio pode ser fornecido na escola, ou pode ser dado um auxílio especializado. O auxílio especializado pode incluir uma combinação de apoio à aprendizagem, apoio comportamental e apoio do serviço educacional com base nos resultados da avaliação. Isso pode incluir um programa de apoio pastoral, assim como um plano educacional individualizado. Alternativamente, o aluno pode ingressar em uma escola especial do serviço pedagógico especializado ou de outro serviço educacional. O modelo pode ser apoiado pela provisão em unidades de encaminhamento por meio do *Behaviour Planning Group* (grupo de planejamento comportamental).

Justificando intervenções

Uma justificativa geral para as intervenções provavelmente terá dois elementos, um explanatório e outro pragmático. Primeiro, deve parecer que a intervenção *vai* funcionar. Deve ser possível, na verdade muito fácil, explicá-la e dizer por que ela funciona. Por exemplo, se uma criança tem dificuldade para manter a atenção, intervenções como minimizar distrações em sala de aula e garantir que as tarefas de aprendizagem facilitem a atenção provavelmente funcionarão. Se as explicações exigem um voto de confiança ou são propagadas por descobridores carismáticos (que consideram o escrutínio prejudicial à abordagem) de uma técnica, os profissionais e quaisquer outras pessoas devem tomar muito cuidado. Da mesma forma, se as intervenções se relacionam a palpites vagos ou inconsistentes sobre a atividade cerebral ou vêm embrulhadas em um jargão impenetrável, é preciso ter cautela. O livro *Controversial Issues in Special Education*, de Gary Hornby e colaboradores (Hornby et al., 1997) é um sensato antídoto para quem fica fascinado por novos "tratamentos coqueluche" ou por "diagnósticos" da moda.

Em segundo lugar, deve haver evidências de que a abordagem ou intervenção *funciona*. Ler sobre uma abordagem e depois visitar uma escola ou unidade especial, uma escola comum ou algum outro contexto em que essa abordagem esteja sendo utilizada e esteja funcionando é algo que traz informações muito úteis para o professor e outras pessoas. Precisamos ser claros sobre o que significa a expressão "uma abordagem que funciona". A intervenção está ensinando à criança habilidades ou conhecimentos necessários? Está ajudando a criança a compreender melhor suas emoções? Está facilitando a aprendizagem? Também é necessário considerar a extensão em que uma abordagem que parece ser bem-sucedida em um contexto pode ser empregada em outro contexto e com outras crianças. É importante que as crianças às quais se dirige uma nova intervenção sejam semelhantes (em idade e nível cognitivo, por exemplo) àquelas com as quais a abordagem está funcionando bem.

Progresso, realizações e bom desempenho indicarão o sucesso de uma intervenção, como indicam o sucesso da educação para todas as crianças. As realizações são compreendidas, em um sentido amplo, como incluindo o progresso no desenvolvimento pessoal, emocional e social. Ao adotar uma abordagem, a escola deve monitorar e avaliar continuamente seus efeitos sobre o progresso, realizações e bom desempenho dos alunos e refinar, melhorar ou modificar a provisão de maneira correspondente.

Em resumo, então, está-se procurando intervenções que pareçam que vão funcionar e que realmente funcionam para certos alunos. A seguir, é preciso considerar se é provável que a intervenção funcione com os alunos-alvo. Isso pode nos levar a uma cautela excessiva em relação a abordagens que parece que não vão funcionar, mas, de fato, funcionam, ou a abordagens que não funcionam em um contexto e com um grupo de alunos, mas talvez funcionem em outro, com alunos diferentes. No entanto, focalizar as intervenções que ao mesmo tempo fazem sentido e provaram que funcionam ajuda a garantir uma base segura para construir e melhorar a pedagogia nos serviço pedagógico especializado, na escola e na sala de aula.

PONTOS PARA PENSAR

O leitor pode considerar:
- o que constitui uma abordagem crível e coerente à educação dos alunos com dificuldades de relacionamento pessoal, social e emocional;
- as evidências que forneceriam uma base segura para intervenções, tanto em termos explanatórios quanto pragmáticos.

TEXTO-CHAVE

Hornby, G.; Atkinson, M.; Howard, J. *Controversial issues in special education*. Londres: David Fulton Publishers, 1997.

Esse livro examina abordagens controversas na educação especial e apresenta sugestões práticas sobre como os profissionais e outros podem avaliar "tratamentos" que às vezes não têm valor real e não continuarão em uso por muito tempo.

Endereços

Attention Deficit Disorder Information and Support Service
PO Box 340
Edgware
Middlesex HA8 9HL
Tel: 020 8905 2013
Fax: 020 8386 6466
e-mail: info@addiss.co.uk
www.addiss.co.uk

O serviço oferece informações e apoio para pais, professores e outros e informações sobre livros, vídeos e grupos de apoio.

British Association for Counselling and Psychotherapy
1 Regent Place
Rugby
Warwickshire CV21 2PJ
Tel: 0870 443 5252
Fax: 0870 443 5160
Minicom: 0870 443 5162
e-mail: bacp@bacp.co.uk
www.bacp.co.uk

A associação promove aconselhamento e manutenção de padrões de formação e prática. Oferece informações sobre treinamento e mantém listas de conselheiros em diferentes locais, que podem ser obtidas enviando-se à associação um envelope auto-endereçado e selado, ou pelo *website*. Uma divisão especializada, *Counselling in Education* , fornece apoio para profissionais em escolas ou serviços de atendimento de crianças e jovens.

British Psychological Society
St Andrew's House
48 Princess Road East
Leicester LE1 7DR

Tel: 0116 254 9568
Fax: 0116 247 0787
e-mail: bps1@le.ac.uk
www.bps.org.uk

A BPS é a associação profissional dos psicólogos no Reino Unido e tem vários subgrupos e divisões. Publica mensalmente a revista *Psychologist,* de interesse genérico para os psicólogos. Suas revistas especializadas incluem *The British Journal of Clinical Psychology* e *The British Journal of Educational Psychology.*

Essex County Council Learning Service
PO Box 47
County Hall
Chelmsford CM2 6WN

Harcourt Assessment (The Psychological Corporation)
Halley Court
Jordan Hill
Oxford OX2 8EJ
Tel: 01865 888 188
Fax: 01865 314 348
e-mail: info@harcourt-uk.com
www.harcourt-uk.com

A Harcourt Assessment é uma empresa de fornecimento de testes, cujas avaliações incluem testes relevantes para o comportamento e o TDAH.

NFER-Nelson
The Chiswick Centre
414 Chiswick High Road
London W4 5TF
Tel: 020 8996 8444
Fax: 020 8996 5358
e-mail: edu&hsc@nfer-Nelson.co.uk
www.nfer-nelson.co.uk

A NFER-Nelson é uma empresa fornecedora de testes, entre os quais alguns relevantes para as dificuldades comportamentais, emocionais e sociais.

Partnership for Children
26-7 Market Place
Kingston-upon-Thames
Surrey KT1 1JH
Tel: 020 8974 6004
Fax: 020 8974 6600
e-mail: info@partnershipforchildren.org.uk
www.partnershipforchildren.org.uk

Produz o *Zippy's Friends,* um programa que procura ensinar habilidades de manejo para crianças de 6 e 7 anos.

The Association for Dance Movement Therapy UK
Administration
32 Meadfoot Lane
Torquay
Devon TQ1 2BQ
e-mail: queries@admt.org.uk
www.admt.org.uk

A ADMTUK possui uma rede nacional de subcomitês. Seu trabalho inclui oficinas trimestrais, palestras e seminários; registro profissional; formação e treinamento; publicações, como *e-motion* e pesquisas.

The Association of Educational Psychologists
26 The Avenue
Durham DH1 4ED
Tel: 0191 384 9512
Fax: 0191 386 5287
e-mail: aep@aep.org.uk
www.aep.org.uk

A AEP é a associação profissional dos psicólogos educacionais da Inglaterra, País de Gales e Irlanda do Norte.

The Association of Professional Music Therapists
61 Church Hill Road
East Barnet
Herts EN4 8SY
Tel/fax: 020 8440 4153
e-mail: APMToffice@aol.com
www.apmt.org

A APMT apóia e trabalha para o desenvolvimento da atividade de terapia musical. Seus membros são terapeutas musicais qualificados por um curso reconhecido de pós-gradua-ção em terapia musical. A associação visa a manter um alto padrão profissional pela administração e monitoramento de variados esquemas de desenvolvimento profissional.

The Association of Workers for Children with Emotional and Behavioural Difficulties (AWCEBD)
SEBDA
Church House
1 St Andrew's View
Penrith
Cumbria CA11 7YF
Tel: 01768 210 510
e-mail: admin@sebda.org
www.sebda.org

A AWCEBD é uma associação multidisciplinar de professores, assistentes sociais residenciais, psicólogos, psicoterapeutas, pesquisadores e outros profissionais que trabalham com crianças e jovens que apresentam dificuldades comportamentais, emocionais e sociais. Ela oferece treinamento e aconselhamento sobre desenvolvimento de políticas para seus membros e publica uma revista, o *Therapeutic Care and Education*.

The British Association of Art Therapists
The Claremont Project
24-7 White Lion Street
London NIH 9PD
Tel: 020 7686 4216
Fax: 020 7837 7945
e-mail: info@baat.org
www.baat.co.uk

A BAAT oferece informações aos seus membros e ao público sobre todos os aspectos da arteterapia. Publica uma revista, *Inscape*, e supervisiona padrões de formação e prática profissional.

The British Association of Drama Therapists
41 Broomhouse Lane
London SW6 3DP
Tel/fax: 020 7731 0160
e-mail: info@badth.org.uk
www.badth.org.uk

The British Association of Play Therapists
31 Cedar Drive
Keynsham
Bristol BS31 2TY
Tel/fax: 01179 860 390
e-mail: info@bapt.uk.com
www.bapt.info

A associação oferece uma rede de apoio para ludoterapeutas e informações sobre cursos de formação.

The British Association of Psychotherapists
37 Mapesbury Road
London NW2 4JH
Tel: 020 8452 9823
Fax: 020 8452 5182
e-mail: mail@bap-psychotherapy.org
www.bap-psychotherapy.org

The British Psychoanalytic Society
112a Shirland Road
London W9 2EQ
Tel: 020 7563 5000
Fax: 020 7563 5001
e-mail: editors@psychoanalysis.org.uk
www.psychoanalysis.org.uk

The British Society for Music Therapy
61 Church Hill Road
East Barnet
Herts EN4 8SY
Tel: 020 8441 6226

Fax: 020 8441 4118
e-mail: info@bsmt.org
www.bsmt.org

A BSMT organiza cursos, conferências, oficinas e encontros sobre terapia musical abertos ao público em geral. Para quem se interessar, está disponível um livreto com informações incluindo detalhes sobre a musicoterapia, cursos de formação, livros e encontros. A BSMT tem suas próprias publicações e vende livros sobre terapia musical. Seus membros recebem *The British Journal of Music Therapy* e o *BSMT Bulletin*.

The National Pyramid Trust for Children
84 Uxbridge Road
London W13 8RA
Tel/fax: 020 8579 5108
e-mail: enquiries@nptrust.org.uk
www.nptrust.org.uk

A Trust procura ajudar crianças em idade de ensino fundamental a realizar seu pleno potencial, ao desenvolver suas habilidades, confiança e auto-estima. Sua abordagem baseia-se em uma avaliação de necessidades, reuniões multidisciplinares e trabalho de grupo terapêutico (o *pyramid club*).

The Royal College of Psychiatrists
17 Belgrave Square
London SW1 X 8PG
Tel: 020 7235 2351
Fax: 020 7245 1231
e-mail: rcpsych@rcpsych.ac.uk
www.rcpsych.ac.uk

The Secure Accomodation Network
c/o Sutton Place Safe Centre
347 Salthouse Road
Hull HU8 9HR
Tel: 01482 374 186
Fax: 01482 712 173
e-mail: roy.walker@hullcc.gov.uk

O SANE não tem instalações próprias, mas o papel de presidente é alternado entre os administradores das unidades de segurança, que usam o endereço de sua unidade. O endereço acima, portanto, é o do presidente na época da publicação.

Tourette Syndrome (UK) Association
PO Box 26149
Dunfirmline KY12 7YU
Help line (telefone de ajuda): 0845 458 1252
Admin: 01383 629 600
e-mail: enquiries@tsa.org.uk
www.tsa.org.uk

A associação oferece um telefone de ajuda, fóruns para seus associados, contatos entre as famílias, publicações e conselhos.

Referências

Ali, D. et al. (1997) *Behaviour in Schools: A Framework for Intervention,* Birmingham, Birmingham Education Department.
American Psychiatric Association (2000) *Diagnostic and Statistical Manual of Mental Disorders – Text Revision (DSM-IV-TR)* (4th edn), Washington DC, APA.
Antidote (2003) *The Emotional Literacy Handbook,* London, David Fulton Publishers.
Ayers, H. and Prytys, C. (2002) *An A to Z Practical Guide to Emotional and Behavioural Difficulties,* London, David Fulton Publishers.
Bandura, A. (1969) *Principles of Behaviour Modification,* New York, Holt, Rinehart and Winston.
_____. (1977) *Social Learning Theory,* Englewood Cliffs, NJ, Prentice-Hall.
Barkley, R. (1997) *ADHD and the Nature of Self Control,* New York, Guilford.
Bateman, A. and Holmes, J. (1995) *Introduction to Psychoanatysis: Contemporary Theory and Practice,* London, Routledge.
Beck, A. T., Rich, A. J., Shaw, B. F. and Emery, G. (1979) *Cognitive Theory of Depression,* New York, Wiley.
Bium, P. (2001) *A Teacher's Guide to Anger Management,* London, RoutledgeFalmer.
Booth, T. and Ainscow, M. with Black-Hawkins, K. (2000) *Index for inclusion,* Bristol, Centre for Inclusive Education.
Borger, N. and Van der Meer, J. (2000) 'Visual behaviour of ADHD children during an attention test', *Journal of Child Psychology and Psychiatry,* 41(4): 525-32.
Bowlby, J. (1965) *Child Core and the Growth of Love* (2nd edn), Harmondsworth, Penguin Books.
_____. (1969) *Attachment and Loss Volume l: Attachment,* London, Hogarth Press.
_____. (1973) *Attachment and Loss Volume 2: Separation, Anxiety and Anger,* London, Hogarth Press.
_____. (1980) *Attachment and Loss Volume 3: Loss, Sadness and Depression,* London, Hogarth Press.
Boxall, M. (2002) *Nurture Groups in School: Principles and Practice,* London, Paul Chapman Publishing.

British Psychological Society (2000) *AD/HD: Guidelines and Principles for Successful Multi-Agency Working,* Leicester, BPS.
Bunt, L. and Hoskyns, S. (eds) (2002) *The Handbook of Music Therapy,* London, Routledge
Carrol, A. and Robertson, M. (2000) *Tourette Syndrome: A Practical Cuide for Teachers, Parents and Carers,* London, David Fulton Publishers.
Cartright, N. (1996) 'Combating bullying m school: the role peer helpers', in Cowrie, H. and Sharpe, S. (eds) *Peer Counseiling m Schools,* London, David Fulton Publishers.
Case, C. and Daley, T. (1992) *The Handbook of Art Therapy,* London, Routledge.
Connors, C. K. (1996) *Connors' Rating Scales Revised,* Oxford, The Psychological Corporation.
Cooper, P. and O'Regan, F. J. (2001) *Educating Children with AD/HD,* London, RoutledgeFalmer.
Dallo, R. and Draper, R. (2000) *An Introduction to Family Therapy,* Oxford, Oxford University Press.
Daniels, A. and Williams, H. (2000) 'Reducing the need for exclusions and statements for behaviour: the Framework for Intervention Part l', *Educational Psychology in Practice,* 15(4) (January 2000).
Department for Education and Employment (1999a) *Circular 10/99: Social Inclusion: Pupil Support,* London, DfEE.
_____. (1999b) *Circular 11/99: Social Inclusion: The LEA Role in Pupil Support,* London, DfEE.
Department for Education and Skills (2001a) *Special Educational Needs Code of Practice,* London, DfES.
_____. (200 Ib) *Inclusive Schooling: Children with Special Educational Needs,* London, DfES.
_____. (2003) *Data Coilection by Typé of Special Educational Needs,* London, DfES.
_____. (2004) *National Statistics First Release: Special Educational Needs in England, January 2004 (SFR44/2004),* DfES. Available at www.dfes.gov.uk/rsgateway/DB/SFR/ (accessed 11 July 2005).
Dobson, K. S. and Dozois, D. J. A. (2003) 'Historical and philosophical bases of cognitive-behavioural therapies', in Dobson, K. S. (ed.) *Handbook of Cognitive-Behavioural Therapies* (2nd edn), London, Guilford Press
Dowling, E. and Osbome, E. (eds) (1994) *The Family and the School: A Joint Systems Approach to Problems with Children* (2nd edn), London, Routledge.
D'Zurilla, T. J. (1986) *Problem Solving Therapy,* New York, Springer Publishing.
Edwards, D. (2004) *Art Therapy,* London, Sage Publications.
Ellis, A., Gordon, J., Neenan, M. and Palmer, S. (1997) *Stress Counselling: A Rational Emotive Behaviour Approach,* London, Cassell.
Essex Local Education Authority (1999) *Circie of Friends* (vídeo and literature), Chelmsford, Essex LEA.
Farrell, M. (2000) 'Educational inclusion and raising standards', *British Journal of Special Education,* 27(1) (March 2000): 35-8.
_____. (2003) *The Special Educaüon Handbook* (3rd edn), London, David Fulton Publishers.
_____. (2004) *Inclusion at the Crossroads: Special Educaüon Concepts and Values,* London, David Fulton Publishers.
_____. Kerry, T. and Keny C. (1995) *The Blackwell Handbook of Education,* Oxford, Blackwell Publishers.
Fox, G. (2001) *Supporting Children with Behaviour Difficulties: A Guide for Assistants in Schools,* London, David Fulton Publishers.
Frederickson, N. and Cline, T. (2002) *Special Educational Needs: Inclusion and Diversity: A Textbook,* Buckingham, Open University Press.

Freud, S. (2003 [1940]) *An Outiine of Psychoanalysis* (translation Ragg-Kirby, H.), London, Penguin Books.
Freud, S. and Breuer, J. (1987 [1893-5]) *Studies on Hysteria*, London, Penguin Freud Library III.
Gartaer, A. and Lipsky, D. K. (1989) 'New conceptualisations for special education', *European Journal of Special Needs Education*, 4(1): 16-21.
Geldard, K. and Geldard, D. (1997) *Counseiling Children*, London, Sage.
_____. and _____. (2001) *Working with Children in Groups*, Basingstoke, Palgrave.
Goodman, R. (1997) 'The strengths and difiiculties questionnaire: a research note', *Journal of Child Psychology and Psychiatry*, 38: 581-5.
_____. (1999) "The extended version of the strengths and difficulties questionnaire as a guide to child psychiatric caseness and consequent burden', *Journal of Child Psychology and Psychiatry*, 40(5): 791-800.
Gordan, T. (1974) *TET: Teacher Effectiveness Training*, New York, David McKay.
Greenhill, L. (1998) 'Childhood ADHD: pharmacological treatments', in Nathan, P. and Gorman, M. (eds) *A Guide to Treatments that Work*, Oxford/Oxford University Press.
Greenwood, C. (2002) *Understanding the Needs of Parents: Guidelines for Effective Collaboration with Parents of Children with Special Educational Needs*, London, David Fulton Publishers.
Gurman, A. S. and Messer, S. B. (eds) (2003) *Essential Psychotherapies: Theory and Practice*, London, Guilford Press.
Hampshire County Council (1996) Private conununication.
Hargie, C., Saunders, C. and Dickson, D. (1994) *Social Skills in Interpersonal Communicaüon* (3rd edn), London, Routledge.
Hayes, S. C., Follette, W. C. and Follette, V. M. (1995) 'Behaviour therapy: a conceptual approach' in Gurman, A. S. and Messer, S. B. (eds) *Essential Psychotherapies: Theory and Practice* (1 st edn), London, Guilford Press
Hill, P. and Cameron, M. (1999) 'Recognising hyperactivity: a guide for the cautious cliniciaïon', *Child Psychology and Psychiatry Review*, 4(2): 50-60.
Holmes, J. (1993) *John Bowlby and Attachment Theory*, London, Routledge.
Homby, G. (2003) 'Counseiling and guidance of parents', in G. Homby, C. Hall and E. Hall (2 edn) *Counseiling Pupils in Schoois: Skills and Strategies for Teachers*, London. RoutiedgeFalmer, pp. 129-40.
_____. Atkinson, M. and Howard, J. (1997) *Controvérsia! Issues in Special Education*, London, David Fulton Publishers.
_____. Hall, C. and Hall, E. (2003) *Counseiling Pupils in Schools Skills and Strategies for Teachers*, London, RoutledgeFalmer.
Irien, H. L. (1994) 'Scotopic sensitivity/Irien syndrome hypothesis and explanation of the syndrome', *Joumal of Behavioural Optometry*, 5: 65-6.
Kelly, B. (1999) 'Circle Time - a systems approach to emotional and behavioural difficulties', *Educational Psychology in Practice*, 15(1): 40-4.
Lawrence, D. (1996) *Enhancing Self-esteem in the Classroom* (2nd edn), London, David Fulton Publishers.
Lewis, A. (2004) 'And when did you last see your father? Exploring me views of children with leaming difiiculties/disabilities', *British Journal of Special Education*, 31(1): 3-9.
McFarlane, P. (2005) *Drama Therapy: Raising Children's Self Esteem and Developing Emotional Stability*, London, David Fulton Publishers.
McLaughlin, C., Clarke, P. and Chisholm, M. (1996) *Counseiling and Guidance in Schools: Developing Policy and Practice*, London, David Fulton Publishers.

McNamara, S. and Moreton, G. (2001) *Changing Behaviour: Teaching Children with Emotional and Behaviour Difficulties in Primary and Secondary Classrooms* (2nd edn), London, David Fulton Publishers.
McSherry, J. (2001) *Challenging Behaviours in Mainstream Schools: Practical Strategies for Effective Intervention and Reintegration,* London, David Fulton Publishers.
Maines, B. and Robinson, G. (1998) *B/G Steem: A Self Esteem Scale with Locus of Control Items,* London, Lucky Duck Publishing.
Mischel, W. (1968) *Personality and Assessment,* New York, Wiley.
Morris, E. (2002) *Insight Secondary: Assessing and Developing Self-esteem in Young People Aged 11-16,* Windsor, NFER-Nelson.
Mosley, J. (1996) *Quality Circle Time in the Primary Classroom,* Cambridge, LDA.
———. and Tew, M. (1999) *Quality Circle Time in the Secondary School: A Handbook of Good Practice,* London, David Fulton Publishers.
Munden, A. and Arceius, J. (1999) *The AD/HD Handbook,* London, Jessica Kingsley.
National Instituto of Clinicai Excellence (2000) *Guidance on the Use of Methylphenidate for AD/HD,* London, NICE.
Nelson-Jones, R. (2005) *Introduction to Counseiling Skills and Activities* (2nd edn), London, Sage.
Newton, C. and Wilson, D. (1999) *Circle of Friends,* London, Polens.
Nigg, J. and Hinshaw, S. (1998) 'Parent personality traits and psychopathology associated with anti-social behaviours in childhood ADHD', *Journal of Child Psychology and Psychiatry,* 39(2): 145-59.
Pellegrini, A. and Horvat, M. (1995) 'A developmental and contextualist critique of AD/HD', *Educational Researcher,* 249(10): 13-20.
———. Huberty, P. and Jones, I. (1996) "rhe efFects of recess timing on children's playground and classroom behaviours', *American Educational Research Journal,* 32(4): 845-64.
Place, M., Wilson, J., Martin, E. and Hulsmeir, J. (2000) 'The frequency of emotional and behavioural disturbance in an EBD school', *Child Psychology and Psychiatry Review,* 5(2): 76-80.
Seifert, J., Scheuerpflug, P., Zillerssen, K. E., Fallgater, A. and Wamke, A. (2003) 'Electrophysiological investigations of the effectiveness of methylphenidate in children with and without ADHD', *Joumal of Neural Transmission,* 110(7): 821-8.
Skinner, B. F. (1968) *The Technology of Teaching,* New York, Appleton-Century-Crofts.
———. (1974) *About Behaviourism,* London, Jonathan Cape.
Spiegler, M. D. and Guivrement, D. C. (1998) *Contemporary Behaviour Therapy* (3rd edn), Pacific Grove, CA, Brooks/Cole.
Tannock, R. (1998) 'ADHD: advances in cognitive, neurobiological and genetic research', *Journal of Child Psychology and Psychiatry,* 39(1): 65-99.
Taylor, G. (1997) 'Community building in schools: developing a circle of friends', *Educational and Child Psychology,* 14: 45-50.
Tilstone, C. and Layton, L. (2004) *Child Development and Teaching Pupils with Special Educational Needs,* London, Routiedge.
Wade, J. (1999) 'Including ali leamers: QCA's approach', *British Journal of Special Education,* 26(2): 80-2.
Wallace, B. and Crawford, S. (1994) 'Instmctional paradigms and the ADHD child', in Weaver, C. (ed.) *Success at Last: Helping Students with AD(H)D Achieve Their Potential,* Portsmouth, NH, Heinemann.
World Health Organization (1990) *International Classification of Diseases* (10th edn), Geneva, WHO.

Índice

Abordagem ABC (antecedente, comportamento, conseqüências) 61
Abordagem cognitiva 37-38, 83, 84
  intervenções 39-48
Abordagem comportamental 44, 51-53, 83, 84
  intervenções 54-61
  TDAH 77
Abordagem psicodinâmica 63-64, 83, 84
  intervenções 64-72
Abordagem sistêmica 25-30, 83, 84
  intervenções 29-36
Abordagens
  de aprendizagem, TDAH 79-80
  de ensino, TDAH 79-80
  de solução de problemas 46
Aconselhamento 42-43, 67
  especializado 69
  pelos iguais 70
Alergias
  alimentares, TDAH 81
  alergias, TDAH 81
Ali, D. 30-32
Alunos
  engajados 88
  não-engajados 88
Ambiente de sala de aula, TDAH 77-79
American Psychiatric Association (APA) 73-74
Amostragem
  de evento 53
  de tempo 52-53
Análise ABC (evento ativador, crenças, conseqüências) 45, 48
Antidote 39-40

APA *ver* American Psychiatric Association
Aprendizagem observacional 58
Arteterapia 66-67
Association of Play Therapists 65
Atribuições
  causais 47
  negativas 42-43, 44, 47
Auditoria, comportamental 30-32
Auto-atribuições 42-43, 44, 47
Autoconceito 38
Auto-eficácia 58
Auto-estima 34, 41-43
Auto-regulação 58, 76
Avaliação 29-30, 38, 52-53, 64
  cognitiva 47-48
  NEE 11-12
  sociométrica 29-30
  TDAH 74-75
Ayers, H. 32

Bandura, A. 57-58
Beck, Aaron 45-46
Biofeedback, TDAH 78-79
Bowlby, John 67
Breuer, Joseph 71

Capacitação 69
Catarse 71-72
Causalidade circular 26
Censo Anual Escolar do Nível dos Alunos (DfES) 10, 15
Ciclo de interação 26
Circulars 10/99, 11/9; Social Inclusion 18-19, 87-88

Círculo de amigos 34-36
Círculo de interação 26
Código das Necessidades Educacionais Específicas 9-11, 23, 87
Colaboração parental 23
Comportamento desafiador 12-13, 61, 86-87
Comunicação 69-70, 70-71, 78-79
Connor's Rating Scales (Revised) 75
Contratos 58-59
Cooperação profissional 20-21
Curadorias infantis 21-22
Currículo 70-72
Custo da resposta 59

Dados Coletados pelo Tipo de Necessidade Educacional Especial 10-11, 15
Daniels, A. 30
Department for Education and Employment (DfEE) 17-18, 87-88
Department for Education and Skills (DfES) 9-11, 19, 22
Desenvolvimento cognitivo 84
Dessensibilização 57
Desvanecimento 55-56
Dieta de Feingold 81
Dieta, TDAH 81
Disfunção cerebral, TDAH 75-76, 80-81
Dowling, E. 27, 28
Drogas estimulantes, TDAH 80-81
DSM-IV-TR 73-74

Economia de fichas 59
Efeito
   ator-observador 47
   de falso consenso 47
Ellis, Albert 44-45
Escolas
   com letramento emocional 39-40
   apoio 87-88
   inclusão 19-20
   regulares 19-20, 87-88
Escuta reflexiva 70
Esquemas
   cognitivos 46
   de reforço 55
Estratégias do serviço pedagógico especializado de Hampshire 81-82
Estrutura *Behaviour in Schools* 30-32
Estruturas de intervenção 30-32, 85-87
Evitação/ambivalência ansiosa 67-68
Exclusão 18-19
Exploração 69
Extinção 54-55

Fala interna 43

Fatores causais: 15-16, 28
   TDAH 75-76
Feedback, TDAH 78-79
Fobia escolar 56-57
Fobias 56-57
Fox, Glenys 46
Freud, Sigmund 41, 63, 71-72
Funções executivas 76

Generalização 55-56
Goodman Strengths and Difficulties Questionnaire (SDQ) 74
Grupos ambientais 67-68
Grupos de reintegração 33

Habilidades
   compensatórias 79-80
   de escuta 70
Hiperatividade *ver* transtorno do déficit de atenção/hiperatividade
Hipnose 71-72
Hora do círculo 34
Hornby, Gary 22-23, 69, 89

Identidade 41
Identificação 29-30, 38, 52-53, 64
   TDAH 74-75
Imitação 57
Impulsividade *ver* transtorno do déficit de atenção/hiperatividade
Inclusão 18-19
Inclusão social 18-19
Inclusive Schooling 19
Inteligência/letramento emocional 39-41
Intervalo 55-56
Intervenção
   especializada 20-21, 35
   relacionadas à idade 85

Kelly, B. 34

Lei de Educação de 1996 11-12, 20-21
Letramento, emocional 39-41
Lewis, A. 23
Linguagem, para emoções, 39, 40-41
Lista de verificação *B/G Steem* 41
Ludoterapia 65

Manejo da ansiedade 38, 42-43, 57, 84
McNamara, S. 27
Manual diagnóstico e estatístico de transtornos mentais (DSM-IV-TR) 73-74
McSherry, J. 33, 86-87
Medicação, TDAH 80-81
Mischel, W. 58

Modelagem 57-58
Moreno, Jacob 29
Moreton, G. 27
Musicoterapia 65

National Children's Trust Framework 21
Necessidades educacionais especiais 9-11
 definição legal 11-12
NEE *ver* necessidades educacionais especiais

Osborne, E. 27, 28

PAP *ver* programa de apoio pastoral
Paráfrase 70
Participação do aluno 23
Partnership for Children 40
Percepções negativas 38
Perspectiva cognitivo-comportamental 44
Perspectiva ecossistêmica 25
Plano
 de comportamento ambiental 30-32
 de comportamento individual 32
 de desenvolvimento do comportamento 30
 de educação individual 18-19, 23, 32
Prevalência 16-17
 TDAH 75
Profissionais de ligação entre escola e família 36
Programa Coping in Schools 33, 86-87
Programa de apoio pastoral 18-19, 88
Programa-piloto de suporte 20
Prytys, C. 32
Psicodrama 66
Punição 54-55, 59

Questionamento circular 29-30

Reatribuições 42-43, 44, 47
Recompensas 54-55, 59
Reforço 54-55
 negativo 54-55
 positivo 54-55
Regras, da escola e da família 27-28
Reintegration Readiness Scale (RRS) 87
Repressão 72
Ritalina, TDAH 80-81

RRS *ver* Reintegration Readiness Scale

Serviços pedagógicos especializados 10, 19-20, 85, 88
Síndrome de Lesch-Nyhan 14
Síndrome de Tourette 14
Sistemas
 de crença 28
 escolares 26-28, 36
 familiares 15-16, 22-23, 27-28, 36, 83, 84
Special Educational Needs and Disability Act (2000) 20
Supercorreção 54-55, 56

Teoria
 da aprendizagem social 57-58
 do apego 66-68
 cognitiva 45-46
 comportamental racional-emotiva 44-45
 familiar 25-26, 36
 pelo movimento 66
Terapias 64
 cognitiva 45-46
 familiar 25-26, 36
 pela arte 65-66, 70
 pela dramatização 66
 pela música 65
 pelo movimento 66
 pelo brincar 65-65
Trabalho de grupo 32-36, 44, 67-68
Transtorno de déficit de atenção/hiperatividade 73-76
 intervenções 77-82
Treinamento
 de habilidades sociais 59-61, 80
 do manejo da raiva 47-48

Viés hostil de atribuição 47
Vínculos familiares, TDAH 76
Visão geral das intervenções, 13-14, 83-89

Williams, H. 30
Wolpe, Joseph 57

Zippy's Friends 40